职场赢家手册

刘同兵 著

陕西新华出版
太白文艺出版社

图书在版编目（CIP）数据

职场赢家手册 / 刘同兵著 . -- 西安：太白文艺出版社, 2024.3
ISBN 978-7-5513-2561-5

Ⅰ.①职… Ⅱ.①刘… Ⅲ.①工作方法 Ⅳ.①B026

中国国家版本馆 CIP 数据核字 (2024) 第 012790 号

职场赢家手册
ZHICHANG YINGJIA SHOUCE

作　　者	刘同兵
责任编辑	张　瑶　张熙耀
封面设计	建明文化
版式设计	建明文化
出版发行	太白文艺出版社
经　　销	新华书店
印　　刷	西安市建明工贸有限责任公司
开　　本	787mm×1092mm　1/16
字　　数	180 千字
印　　张	11.75
版　　次	2024 年 3 月第 1 版
印　　次	2024 年 3 月第 1 次印刷
书　　号	ISBN 978-7-5513-2561-5
定　　价	58.00 元

版权所有　翻印必究
如有印装质量问题，可寄出版社印制部调换
联系电话：029-81206800
出版社地址：西安市曲江新区登高路 1388 号（邮编：710061）
营销中心电话：029-87277748　029-87217872

序 缘起

有人说，当今的时代是个颠覆和创新的时代。当今世界正在经历百年未有之大变局，国际形势云谲波诡；各行各业形势复杂，国内形势机遇与挑战并存。以ChatGPT（人工智能聊天模拟器）、智能机器人、脑机接口等人工智能和大数据整合为代表的颠覆式新兴科技已经形成新的康波周期，在这种"VUCA"［意思是Volatility（易变性）、Uncertainty（不确定性）、Complexity（复杂性）、Ambiguity（模糊性）］的时代大背景下，客户的需求越来越多样化和个性化，客户需求的响应也越来越即时化和敏捷化；内外信息越来越透明化和公开化，很难再利用信息差进行管理和获利；员工越来越追求自由和平等，个人对于组织的影响力越来越大，甚至出现了所谓"超级个体"。随之而来的就是各行业对从业人员的素质要求越来越高，从业人员的工作压力也越来越大，传统的管理思想和管理手段已经越来越难以适应新时代，越来越难以适应急剧变化的市场需求和迅猛发展的科技。当今的时代需要颠覆旧的管理思想，发展一种新型的管理思想和管理模式。

有人说，当今的时代是个"内卷"的时代。很多人忙忙碌碌，除了工作，无暇他顾，问其生活状态，皆道一个"忙"字。说文解字，"忙"者，心亡也。也就是说，这种人在工作和生活中从来不用心思考，比如，这件事情是必须做的吗？可不可以不做？有没有更好的方式去做？劳力不劳心，只是机械地简单重复习以为常的工作和生活方式。所谓"劳心者治人，劳力者治于人"，随着强人工智能（机器的智慧=人类的智慧）乃至超人工智能（机器的智慧>人类的智慧）时代的来临，人类的竞争对手将不再是人类本身而是人工智能，那个时候劳力者只能在"内卷"中落败，成为职场匆匆过客。

有人说，当今的时代是个"躺平"的时代。很多人放弃追求人生的更高目标，足不出户，目不离屏，通过降低自身对更高目标的追求，逆来顺受，无所作为，苟且偷安于一时一隅。问其生活状态，皆道一个"盲"字。说文解字，"盲"者，眼亡也。也就是说，这种人在工作和生活中从来不"开眼"观察，比如，不能发现面对同样的事情，不同的人采用了不同的处理方法。不能敏感地发现周边有什么可供自己借力的资源，不能发现自己与成功人士的工作理念和方法有什么差异。这种人劳力不开眼，只知道低头做事，却不抬眼看路，闭目塞听，盲人骑瞎马，完全是不由自主的瞎忙。时代汹涌起伏如大潮，自己身似浮萍任东西，这些"躺平"的人，在未来激烈的职业竞争中，不进则退，也只能是被淘汰的职场过客。

有人说，当今的时代是个"BANI"时代，意思是脆弱（Brittle）、焦虑（Anxious）、非线性（Nonlinear）、不可理解（Incomprehensible）。很多人想躺平，但又懂得"躺得过初一，躺不过十五"；想奋斗，却看不清前行的方向和思路，问其生活状态，皆道一个"茫"字。说文解字，"茫"者，密草也。也就是说，犹如身处密草之中，看不到自己的人生方向。每天睡前躺在床上，回想自己的一天，虽然能想起自己忙忙碌碌地做了很多事情，但总觉得这并不是自己想要的生活，有一种一事无成但又回天乏术的无力感。一时懈怠倒也难免，但时间一长，难免压力增大和情绪不稳，不及时疏导的话，就有可能进一步发展成精神抑郁乃至导致自残自杀的悲惨结局。这些"茫然"的人，在未来激烈的职业竞争中，缺乏方向和动力，也只能是被淘汰的职场过客。

笔者作为商业讲师，至今从业20余年，身处时代的变革大潮之中，眼见客户中存在种种不如意的职场现象和学员中存在如此多的职场过客，发愿必

"博览群书以集前贤之智慧，深入职场而探落地之细微"，试图帮助学员找到一种成为职场赢家的解脱之道。本着"开眼、动心、明方向"的初心，经过大量管理理论的研究和亲身实践，终觉得"世间是有双全法，不负如来不负卿"。所谓"开眼"就是选择和再现具有代表性的工作场景，然后向读者呈现出不同的人针对同一场景所采取的各种不同的处理方式以及背后的思维过程和心智模式，让读者和学员们"看见"。所谓"动心"就是思考和比较各种不同处理方式的优劣，发现其背后的原理和规律，形成科学的方法论，让读者和学员们"想通"。所谓"明方向"就是按照上述原理和规律，制订出完全符合自己人生目标和实际岗位情况的日常"修炼"计划，持之以恒并最终实现自己的职场抱负，让读者和学员们"做到"。

在二十几年的课堂实践中，笔者把自己所思、所悟、所得与学员进行广泛分享与交流，每每获得"实用、颠覆、听之恨晚和建议广而告之"等良好的反馈和赞誉，更有很多学员觉得听课不过瘾，强烈建议集结成册，以供随时取阅。此为缘起一也。

年初，友人相聚，宾朋满座，相谈甚欢。席间谈及工作，问曾出书否，不觉汗颜。高人遂指点迷津，自古有"立德""立言"之说，于文于商，都应该出书立说的。一语惊醒梦中人，即发愿出书，列为年度目标，此为缘起二也。

大学同窗好友相聚，聊及书事，好友亦大加鼓励并帮助联系协调出版事宜，以为辅助，此为缘起三也。

天时、地利、人和，此愿当还。

奋笔六月有余，几经修改，终成此册，供各位读者雅正。个中辛苦，不值一提，倘若能让您有"开眼、动心、明方向"的触动和感悟，那就是你我结缘了。

再次感谢因此结缘的客户们、学员们、发小和同窗好友！

2023年8月1日

缘起精要

四个时代特征： 颠覆和创新　内卷　躺平　VUCA—BANI

三个"mang"

　　忙、盲、茫

一个主线

　　开眼、动心、明方向

contents

目录

001 / 第一章　开眼

007 / 第二章　效益公式

012 / 第三章　五大不良工作状态

019 / 第四章　三大正确工作状态

026 / 第五章　效益圈

035 / 第六章　效益圈管理实践

039 / 第七章　效能

047 / 第八章　人生规划

064 / 第九章　效益平衡轮管理实践

071 / 第十章　双赢

093	/	第十一章　轻重缓急
100	/	第十二章　轻重缓急管理实践
114	/	第十三章　先后原则
130	/	第十四章　舍得原则
141	/	第十五章　多少原则
153	/	第十六章　高效益日常工作修炼
160	/	第十七章　效益管理企业实践
170	/	附录1：人际行为风格测试
176	/	附录2：人生规划分析表
177	/	附录3：工作目标任务双赢表
178	/	附录4：工作任务轻重缓急分类表
179	/	附录5：日常工作计划及时间分配记录检查表
180	/	附录6：情景分析工作表

第一章　开眼

主人公老王是在某企业（不妨您就想象成贵公司哟）工作多年的基层主管。老王自身很有进取心，特别想进一步提升自己。为此他总是任劳任怨，勤勤恳恳，经常加班加点地努力奉献且无怨无悔，甚至很多时候因为工作牺牲了陪伴家人和享受个人爱好的时间。在同事、邻居、同学的眼里，他是很好的企业员工，按常理应该能够获得领导的认可并有一个逐步提升的良好职业发展成果。然而残酷的现实却是：老王在同一基层岗位上辛辛苦苦工作了15年，每年的绩效考核都表现平平，一直没有得到提拔！

每每夜深难寐之际，老王也对自己的生活状况很不满意，常常觉得自己一事无成。他经常感慨自己"时运不济"。老王认为自己职场失败的原因有两个：一是生不逢时，时间不够；二是命运不好，没有机会。他最喜欢哼的小曲要么是《时间都去哪儿了》，要么就是《向天再借五百年》。

老王的职场失败真的是因为"时运不济"吗？咱们不妨"开眼"，就拿老王的一个典型工作场景来看看他是如何工作的。

岁终年末，总经理把老王叫到了办公室。

总经理："老王，今天找你来是想跟你商量一件非常重要的事情。我想

你也知道，你的直属部门经理已经提出离职，月底就要离开了。由于事发突然，你们部门明年的工作计划他还没来得及制订。我看你在你们部门已经工作了15年，算得上是你们部门的元老了，部门的现状你也是最清楚的。我希望你好好思考一下你们部门明年的业务规划，写一份部门明年的工作计划报告给我。7天之后我要把这份报告提交给董事长看，因为他要参考这份报告制订整个公司明年的战略规划。"

老王："没问题，总经理，我很感谢您这么看重我并把这个重要的任务交给我，我会认真写好这份工作计划报告的，您就放心吧！"

总经理："太好啦！你愿意写这份报告我就放心了。我提醒你一下，这份报告事关重大，如果获得董事长的认可，我就有充分的理由推荐你接任部门经理。当然话又说回来，如果你的报告写不好，你可别怪我没把表现的机会给你哟。"

老王："总经理，我明白您的意思了，我一定会全力以赴地写好这份报告，决不辜负您给我的这次机会！"

总经理："那就好，关于这份报告，老王你看有什么困难？有的话尽管提出来，我会全力支持你的。"

老王稍微思考了一下："总经理，我预估完成这份报告需要2天时间，你刚才说7天以后才把报告提交给董事长，时间足够，没有其他问题了。"

总经理："既然这样，时间肯定是充裕的。那你就准备吧，写报告的过程中如果遇到什么困难及时跟我沟通。"

老王："领导您放心吧，我会和您保持联络的。再次感谢您这么看重我，我这就去准备了。"

离开领导办公室，老王意识到自己的机会终于来了！一次人生的重大机遇就摆在自己面前，只要把这次工作计划报告写得让董事长满意，就可以实现自己多年的夙愿。他按捺住激动兴奋的心情，首先思考的是写好报告需要

什么样的资源条件。要想写好一份完善的工作计划报告，必须有足够的构思论证时间、齐备的数据资料、其他部门的充分配合、不受打扰的安静环境。于是他立即着手寻找和准备这些资源条件。可是在现实工作中，多种客观原因致使这些条件难以齐备，例如：当他构思工作计划报告的框架时，突然意识到报告中需要的一些统计数据是其他部门的小张负责的，这部分内容需要小张提供相应的数据报告。于是他立刻就去找小张索要所需的数据报告。

小张说："哎呀，老王，你没见我正忙得焦头烂额嘛！前几天一个产品出了严重问题，我们全组都扎进去没日没夜地解决。哪有工夫给你出什么统计数据报告啊！"

老王一听急了，说："我的报告可是总经理交代要完成的啊！总经理要凭这份报告给我们部门打绩效考评分呢！今天你必须交给我！"

小张有些气愤地说："你怎么今天才跟我说？你搞这种突击行动，我哪有时间弄？我完不成！"

老王看小张态度如此强硬，也就没有继续坚持自己的要求，他只好说："那你把数据源告诉我，我就不麻烦你出正式报告了。数据报告我自己整理好了。"于是老王代替小张花了半天时间整理数据报告。

第一天没有找到理想的写报告的外部资源条件，老王想：今天没有，也许明天会有的，反正时间还来得及。时间就这么一天天过去，直到最后一天。眼看明天一早就要交报告，老王决定抓紧这最后的时间把报告突击做好。我们继续"开眼"，看看老王写报告的最后这一天是如何度过的。

9：00，老王提笔没写几个字，下属小刘突然跑过来说："领导，我今天肚子很疼！我要跟您请个病假。"

老王说："哦，肚子疼呀，那你赶紧去看病吧，咱们公司提倡人性化管理，你的请假我批准了。"

小刘走到门口的时候，转身说："领导，我又想起一件事，生产部约我

参加的产量提升改进会议10分钟后就要开始了，这个会议我恐怕参加不了。领导您能不能替我去参加一下呢？"

老王说："我要是没事肯定可以帮你开会的，但我现在正在写一份非常紧急的工作计划报告，没有时间去替你开会。"

小刘用一双哀求的眼睛望着老王："领导，这个会议您必须替我去啊，否则我没法向生产部门的会议组织者交代呀！您是我领导，您就帮帮我呗！"

老王看小刘很着急，同时觉得关心下属，替下属解决困难也是领导应该做的，就答应了下属的请求，放下手头的报告，代替下属出席跨部门会议了。生产部的产量提升改进会议直到12：00开饭前才结束。

12：00—13：00是公司例行的午餐时间，老王按照平时习惯，吃了半个小时饭，还打了半个小时的乒乓球。

13：00，老王回到办公室，正写着报告，即将离职的那名直属经理突然打来电话，口气非常严厉："老王，你作为主管怎么管理下属的！刚才质量部的经理打电话给我，投诉你的手下小王在工作中出了严重问题，赶紧去处理一下！"老王一听直属经理口气不善，赶紧赔礼道歉："经理，您别生气，我马上就去处理小王的投诉。"挂断电话，老王立即放下报告去处理下属被投诉的事情，结果足足用了3个小时才安抚好质量经理和小王的情绪。

16：00，老王回到办公室继续写报告，中间又时不时有一些骚扰电话打进来，老王虽然接了就迅速挂掉，但毕竟中断了写报告的思路，就这样断断续续写报告到了下班时间。

17：00，下班时间到了，但报告还没有写完。考虑到要赶着回家接孩子放学，老王就收拾资料乘班车下班回家，准备晚上回家再接着写报告。没想到回家路上交通堵塞，在路上耽误了2个小时，19：00到家。

19：00—20：00，吃晚饭。

20：00—22：00，电视里在直播他最喜欢的球赛，老王的注意力一下子就被吸引过去，没心思再写报告了。唉，大不了看完球赛再写报告嘛。于是老王就丢开报告，安心看球了。

22：00—23：00，老王看完球赛拿出资料来准备写报告的时候，却发现一些文件资料落在办公室了，只能将就着用手头资料写了一小部分报告。

23：00，老王已经迷迷糊糊，完全没有精力思考了。唉，大不了明天早上早起一点写报告嘛。于是老王定好闹钟就上床睡觉了。

到了要交报告的这天，早上5点闹钟一响，老王倒是醒来了，但他心里纠结是在舒舒服服的被窝里赖会儿床，还是爬起来苦哈哈地写报告。唉，何苦这么折腾自己，赖床的习惯都这么多年了，好像也没啥大不了的嘛。老王最终放弃了早起的念头，赖床又花去1个小时，拖到6点才起床。

考虑到报告还没有完成，老王自己掏钱打出租车提前一个多小时赶到办公室，找到昨天落下的资料，奋笔疾书写报告。在上班前的最后一刻，老王终于踩着点完成了工作计划报告。

总经理9点准时上班，看到老王已经提前在办公室里工作，非常感动，说："老王，今天这么早就来公司上班了呀！你可真是辛苦了（加班=辛苦，这是极大的管理误区！）。明年的工作计划报告写完了吗？这几天你一直没有找我，我想应该没什么问题吧？"

老王说："领导，报告写完了，没什么问题。我现在就交给您。"

总经理考虑到老王接任务的时候表态那么坚决，时间也给得非常充裕，写报告过程中又没有收到老王有困难的反馈。出于对老王的信任，也是自己一时大意，总经理接过老王的报告没有认真审阅，就直接递给了董事长。由于该报告事关公司重大战略举措，董事长当然是要认真审阅这份工作计划报告的。董事长阅后勃然大怒，对着总经理把老王的工作计划报告批驳得几乎一无是处，并当众训斥总经理工作不力，拖了公司战略制定的后腿！

受到董事长训斥的总经理非常愤怒，回来立即把老王叫到办公室，大发雷霆。

总经理："老王，你怎么回事？这么重要的一份报告，你怎么写成这个样子？！"

老王："总经理，这都是因为时间太紧呀！如果您能再给我一天的话……"

总经理："你说2天就能完成，我给了你7天，你还嫌时间不够？！"

老王："要是那天我的下属小刘不肚子疼，要是那天质量经理不让我处理小王的投诉，要是没有那么多事的话，我的报告也就写好了。"

总经理："我实在不想听你狡辩了，你给我出去！"

老王被总经理赶出了办公室，改变命运、实现梦想的一次重大人生机遇就这么擦肩而过了。

"开眼"看到老王的工作方式后，诸位读者，不妨请您暂停一下，掩卷"动心"：明明机会就在眼前了，老王为什么会错失这次重大机遇？为什么他15年碌碌无为、职场效率如此低下呢？我们又该从中吸取什么样的教训，有什么样的觉察和领悟呢？您不妨把您心中所思所悟写在空白的地方。

备注：老王是本书中的虚拟人物，浓缩了常见的职场效率低下的工作状态，故事中的场景也仅仅是截取了一个具有代表性的工作生活的切面，所谓"以点带面""借假修真"，树立这么一个人物和选择这么一个场景的目的是用来"开眼、动心、明方向"，并不代表这就是老王全部的现实工作生活方式。在咨询服务过程中，很多学员说在老王身上看到了自己的影子。

第二章 效益公式

一枝独放不是春，百花齐放春满园。

针对老王的故事，您前面找到的原因，无论您写了多少条，写的是什么内容，站在您看问题的角度肯定能够自圆其说，也是很有价值的。让我们看到自己的同时，这本书的价值和意义还在于让我们借助笔者的研究"开眼"看到别人，也就是针对同一件事情看到别人的想法和行为，用一种更广的视角来看透世界运作的规律和原则。

自从致力于该课题的研究和传播以来，为期20余年的商业咨询期间，笔者广泛调研并统计了1500多名学员对老王职场效益低下的原因分析，找到的原因不一而足，包括：过分追求完美、客观条件依赖、随波逐流、缺乏自律、不肯改变、畏难不前、没定力、佛系、躺平、没有目标、没有计划、不分主次、分不清轻重缓急、不懂得取舍、不懂得授权借力、不懂得任务分解、不懂得统筹安排、不懂得沟通、拖延症、会议效率低下、不懂得拒绝、丢三落四、不懂得应对突发事件、不懂得彻底解决问题……林林总总有34条之多！当然"道理人人有，立场各不同"，每个人所找原因的不同只是反映了每个人看待事物的角度不同而已，每一个看法都是极其有价值的，都是值

得包容和倾听的。

既然原因如此繁杂，那要想根治职场效益低下这个顽疾，挑战就随之而来了，因为庞杂的信息会造成严重的信息过载。笔者作为深入研究问题分析与解决的六西格玛黑带大师，发现人类解决信息过载的第一思维就是分类，也就是找到事物间的差异性。

按照金字塔原理中MECE法则（Mutually Exclusive Collectively Exhaustive，"相互独立，完全穷尽"）的要求，职场效益低下的原因可以分成三类。

第一类，我们把它称为心态。心态就是一个人在特定的情境下对外界事物的习惯性理解，心态具有相对稳定性、情境性、流动性和综合性。通俗来说，心态就是你对外界事物的看法。在老王的故事里面，与心态有关的老王职场效益低下的原因包括：过分追求完美、客观条件依赖、随波逐流、缺乏自律、不肯改变、畏难不前、没定力、佛系、躺平……

第二类，我们把它称为效能。效能这个词的原义是指事物所蕴藏的有利的作用。我们处理这种有效能的事情的时候，会感受到这件事带给自己的好处，会不自觉地充满能量和动力，从而全力以赴地把事情处理好。通常我们会理解成与自己目标有关的事情，或者用目标来替换效能这个词。与效能有关的老王职场效益低下的原因包括：没有目标、没有计划、不分主次、分不清轻重缓急、不懂得取舍、不懂得授权借力、不懂得任务分解、不懂得统筹安排……

第三类，我们把它称为效率。效率是指在特定时间内，组织的投入与产出之间的比率关系。通俗来说就是利用尽可能少的资源（人、钱、物、时间、空间、信息……）完成尽可能多的产出。与效率有关的老王职场效益低下的原因包括：不懂得沟通、拖延症、会议效率低下、不懂得拒绝、丢三落四、不懂得应对突发事件、不懂得彻底解决问题……

读到这里，您可以回头看一下自己写的老王失败的原因，能否归入上述三类呢？如果没有直接对应到其中的一类，只要您继续追问您所写原因背后的更深层次原因，相信您会发现一定是可以归入这三类中的某一类的，也就是说，这个分类方法符合MECE法则，是科学和严谨的。

所以，我们可以用一个简单的公式来描述这三类因素与效益（效果和利益）之间的关系，我把它称为效益公式：

$$心态 \times 效能 \times 效率 = 效益$$

在效益公式里面，之所以采用"×"而不是"+"，是因为心态、效能、效率这三个子项与效益的关系是缺一不可的，也就是说要想确保获得效益，公式中任何一个子项不能为零，一项为零，效益归零！而"×"在管理学中代表一票否决，正好可以反映这种关系。"+"在管理学中代表的是包容，意味着即便公式里面的一个子项乃至几个子项为零，只要有一个子项不为零，结果仍然不为零，这显然不能反映前面经广泛实践归纳出来的效益关系，所以效益公式里面绝对不能用"+"！

效益公式虽然是笔者经多年实践总结归纳得出的，但也不敢妄言独创，在研究的过程中笔者也参考了几位前人先贤的说法。

第一个提出效益公式的是稻盛和夫。他是日本著名实业家，27岁创办京都陶瓷株式会社（现名京瓷Kyocera），52岁创办第二电信（原名DDI，现名KDDI，在日本为仅次于NTT的第二大通信公司），这两家公司又都在他有生之年进入世界五百强，所以稻盛和夫号称日本"经营之圣"。稻盛和夫在《活法》这本书中提出了成功方程式：人生和工作结果=思维方式×热情×能力。稻盛和夫认为，要想取得卓越的人生或者工作效益，我们必须有一个正确的思维方式，即面临一件事情的时候，要根据自己做人的价值观、人生观、世界观，做出正确的选择，一旦思维方式错误，那么一切都会是错的。

思维方式基本等同于本书效益公式中的效能，也就是选择正确的目标。热情决定了自己对一件事的态度，热情是一种强烈的情感表现形式，往往发生在强烈刺激或突如其来的变化之后，具有迅猛、激烈、难以抑制等特点。热情基本上等同于本书效益公式中的心态。而能力是一个人可以把事情做好的本领，是一个可以不断培养的过程，基本上类似于本书效益公式中的效率。

第二个提出效益公式的是彼得·德鲁克，其著作影响了数代追求创新以及最佳管理实践的学者和企业家们，各类商业管理课程也深受德鲁克思想的影响。彼得·德鲁克被誉为"现代管理学之父"，他在《卓有成效的管理者》中指出：卓有成效的管理者的任务是找到正确的事情并把它做好。前者强调做正确的事情，等同于本书效益公式里面的效能；后者强调把事情做好，等同于本书效益公式里面的效率。

对比效益公式与两位管理学大家的说法，本书的效益公式兼容并蓄，并不矛盾，是对前人智慧的总结和本土化的验证提炼。

通过对老王故事的开眼、动心、明方向，至此我们终于找到了隐藏在事物运作背后的第一个规则和原理：

$$心态 \times 效能 \times 效率 = 效益$$

同时，效益公式也为本书构建了一个系统框架。"花开三朵，各表一枝"，后面本书将就"心态""效能"和"效率"逐一展开论述。

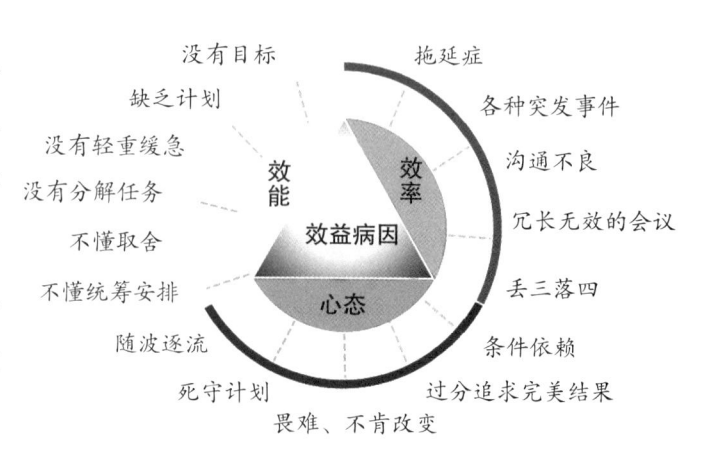

效益公式精要

开眼
  看到职场效益低下所有的"病因"
动心
  分类归纳出"心态""效能"和"效率"
明方向
  效益公式
  稻盛和夫和德鲁克的效益公式

心态 × 效能 × 效率 = 效益

心态 (Attitude)　效能 (Effectiveness)　效率 (Efficiency)　效益 (Benefit)

第三章　五大不良工作状态

心若改变，你的态度跟着改变；态度改变，你的习惯跟着改变；习惯改变，你的性格跟着改变；性格改变，你的人生跟着改变。　　——马斯洛

态度决定一切。　　——米卢

无善无恶心之体，有善有恶意之动；知善知恶是良知，为善去恶是格物。　　——王阳明

无数智者先贤都特别强调心态对一个人的重要意义，这里就不再赘述了。而在职场中，心态直接影响工作状态，因此本书将从提升职场效益的角度，总结五大不良工作状态、三大正确工作状态和一个效益圈理论框架。

第一个不良工作状态就是忙忙碌碌。长期保持这种工作状态的人，他们的认知问题出现在罗伯特·迪尔茨理解层次的行为层。他们相信只要努力就会有收获。因此，他们把自己的时间填得满满当当，忙忙碌碌，却不考虑把时间花在这些事情上是不是有价值。行为层的人思维模式只关注环境中自己的实际运作，他们认为出现问题是因为自己的行动力不够。遇到问题其主要的应对模式是"行动，行动，再行动"。

一旦职场效益不好，他们反思的结果就是自己还不够努力，于是就更加压榨自己的休息时间，拼命地忙碌！人生不如意，他们会尝试发挥主观能动性，用行动去争取改变。他们通常的想法是：我要再努力一点，再勤奋一点，别人消极怠工那我多干一点，10小时不够就干20小时，我不信我做不好！因此加班加点，废寝忘食，没有休息和个人生活是他们的常态。

就像老王的故事里面，老王每天早来晚走，勤勤恳恳，忙忙碌碌长达15年。在重大人生机遇面前，他却把时间花在处理投诉、开跨部门会议等事情上，这就是一种典型的行为层面忙忙碌碌的不良工作状态。

第二个不良工作状态就是没有规划。长期保持这种工作状态的人，他们的认知问题出现在罗伯特·迪尔茨理解层次的能力层，他们认为即便定了计划也没有用，因为计划不可能预见和应对所有的突发事件，于是他们就放弃了人生规划或者工作计划。能力层次的人涉及如何认识自己的选择，我有没有选择？还有什么其他可能？如何应对？这个能力包含统筹规划能力、解决问题能力、情绪管理能力。

一旦职场效益不好，他们喜欢"内部归因"，归咎于自身能力不足，遇到问题他们主要的应对模式是要求自己"学习，学习，再学习"，以提升工作技能。

就像老王的故事里面，老王对写报告这件工作就没有进行很好的计划，而是采用了一种"猪八戒踩西瓜皮——溜到哪算哪"的态度。任务一旦完不成，他的借口就是他不可能预见领导让他处理投诉、不可能提前知道下属肚子疼……这就是一种典型的能力层面缺乏规划的不良工作状态。

第三种不良工作状态就是不肯改变。长期保持这种状态的人，他们的认知问题出现在罗伯特·迪尔茨理解层次的信念价值观层。他们不关注什么对自己最重要，不关注自己究竟想要什么，或者说他们想要的是通过保持当下状态就能轻易达成的一种很低的目标和需求，也就是现在的流行词"躺平"或者"佛系"。

一旦职场效益不好，他们喜欢"内部归因"，归咎于自身动力的不足，遇到问题他们主要的应对模式是告诉自己"没必要、没必要、没必要"，通过放弃高目标以获得舒适感。

就像老王的故事里面，老王在要提交报告的最后一天，竟然还赖床不起。他认为赖床的习惯都这么多年了，好像也没啥大不了的，最终放弃了提早起床写报告的念头。这就是一种典型的不肯改变的不良工作状态。

第四种不良工作状态就是过度追求完美主义。长期保持这种状态的人，他们的认知问题出现在罗伯特·迪尔茨理解层次的环境层。他们认为完成一件事情要寻求绝对完美的外部资源条件，需要在"万事俱备，不欠东风"的条件下才去做事，从而因寻找这种条件而拖延行动时间；要不然就是期待完美的结果，不容许自己完成的东西有任何的瑕疵，从而会对结果进行不停地修正而拖延完成时间。

一旦职场效益不好，他们喜欢"外部归因"，他们关注外部资源环境的影响，遇到问题他们主要的应对模式是寻求外部资源的配合，把事情的成功寄希望于资源环境。

就像老王的故事里面，在接到报告任务的第一天，他首先思考的是写好报告需要有足够的构思论证时间、齐备的数据资料、其他部门的充分配合和不受打扰的安静环境……以至于拖到了最后一天。这就是一种典型的追求完美的外部环境的不良工作状态。

第五种不良工作状态就是依赖他人。长期保持这种状态的人，他们的认知问题出现在罗伯特·迪尔茨理解层次的身份层。他们在处理人际关系的过程中，要么把自己摆在相对比较弱势的地位，委曲求全，很容易放弃自己的诉求而成全他人，常见于某些弱势的下属和同事，要么把自己摆在相对比较强势的地位，盛气凌人，很容易强迫别人而成全自己，常见于某些强势的领导和同事。

一旦职场效益不好，他们喜欢"外部归因"，他们归咎于别人的影响，遇到问题他们主要的应对模式是要求别人的配合或者冲击，把事情的成功寄希望于别人。

就像老王的故事里面，老王处理与同事小张的关系时，本来出具数据报告就是小张的分内工作，可是老王遇到一点配合上的阻力就表现得很软弱，轻易放弃自己的目标，代替小张统计数据了。老王处理下属小刘请假的问题和领导安排处理投诉的问题，也是帮助了别人放弃了自己，事后怪罪他人，认为是别人干扰了自己目标的实现，这是一种典型的依赖他人的不良工作状态。

开眼、动心，我们就会发现在以上五种不良工作状态的作用下，一次大好的机遇摆在老王面前，老王却遗憾地错失了。行文到此，耳边仿佛有个声音在说："曾经有一个绝好的机会摆在我面前，我没有珍惜，等我失去之后才后悔莫及，人世间最痛苦的事莫过于此。如果上天能够给我一个再来一次的机会，我会对那时的自己说一句，心态不好，没有抓住机遇啊！"

美国心理学家罗伯特·迪尔茨提出的理解层次模型将推理能力分为六个层次，从简单的感知到复杂的逻辑推理，对人类知识和思考过程的各个方面进行了全面的分析，不同的层次有不同的关注点和思考应对模式，可以帮助我们更直观地理解工作状态。

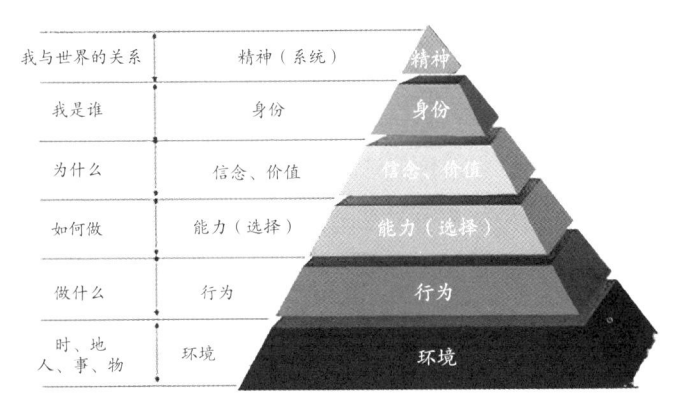

我与世界的关系	精神（系统）
我是谁	身份
为什么	信念、价值
如何做	能力（选择）
做什么	行为
时、地人、事、物	环境

罗伯特·迪尔茨的理解层次模型

1.系统/精神层

我和系统的关系是什么？

这个层次中要考虑自己和对象的关系，由于"对象"有大有小，所以这个层次也可大可小。如果我们讨论的是自己和世界的关系，那这个层次考虑的就是世界观；如果考虑的是家庭，那这里谈论的就是自己和家庭的关系；如果考虑的是企业，那这里谈论的就是自己和企业的关系。总结一句，这个部分要求我们不断搭建自己的世界观。

2.身份层

我是谁？我的使命、愿景是什么？

这个层次中要考虑自己是谁，这个探讨是基于第一层而言的，比如你和职业的系统、你和爱人的系统，这两个系统内你的身份是不同的。在这个层次中，最高维度可以考虑到人生观、自己和世界的互动方式等问题，基本维度就是考虑某个领域身份以及处事标准的问题。明确身份有助于自身责任力量最大化的发挥（责任=身份+标准+行动），也有助于明确自己的发展方向、愿景和目标。身份越明确，由身份带来的力量就会越强大。

3.信念和价值层

为什么？我相信什么？原则是什么？

这个层次要考虑在某一种身份下的信念、价值和规则，当你的身份确定之后，你就要不断坚定自己的信念，并为自己的信念而努力；价值是判断某一件事重要与否的理由，它必须以核心价值观为基本原则，然后根据某一件事情的具体情况来判断，你的价值选择必须为你的身份加分才行；规则为我们限定了底线和边界，指导我们不会误入歧途。人生原则通常也是基于这一层次的考虑，原则可以是某一些信念、价值和规则的组合，通常刻画出某种身份的特点。

4.能力层

如何做？我会/有/能什么？

不同身份除了有不同的信念、价值和规则，还有不同的能力，能力决定着某一种身份上能够实现什么。说到这里就要再简单谈谈身份和能力的关系，如果你明确了身份，就会知道自己应该学习哪些知识、提升哪些技能；如果身份不清，根据外部环境的变化而被动提升能力，假如提升了10种能力，而未来的某一种身份里只能用到其中的3种，其他的能力对这种身份的增益效果就损失了，成长效率就会大幅度降低。

5.行为层

做什么？

行为层是你具体做事的表现。人生是个复杂系统，行为受制于上层的身份和能力，也反作用于能力，进而影响到你的身份。借助黄金思维圈模型思考，行为处于最外层，是事物的表象和成果。如果你只在最外层努力，会容易陷入结果上的困境，各种问题将会多发、成长效率会大幅度降低。所以我们需要在日常关注每一个行为的表现，反思某一种行为背后的模式，努力突破一些固有行为模式，让自己上下打通，不内耗。从另一个角度来说，我们分析问题的时候，通常也会从行为层面切入，因为行为是唯一表现在外部的，持续训练可以帮助我们对行为背后的身份、价值、信念、能力等进行分析。

6.环境层

环境包括：时间、地点、人、事、物。

最后一个层次需要考虑的内容很多，我们通常考虑环境，会考虑到身边的人与事、各种信息、平台……每个人都生活在环境中，我们初始模式的形成就是和环境互动的结果，环境可能会影响我们确定身份、人生目标，我们也可能因为环境而放纵了自己的行为。因缘际会的"缘"就是环境、外部原因。作为结果产生的重要原因，我们必须注重自己和环境的关系。还是那个观点，必须先从顶端开始确立自己的身份，然后不断向下层思考，让自己不受制于环境，而是将环境变成资源加以利用。

五大不良工作状态精要

五大不良工作状态
    忙忙碌碌

    没有规划

    不肯改变

    完美主义

    依赖他人

一个理论
    罗伯特·迪尔茨的理解层次理论

    系统/精神层

    身份层

    信念和价值层

    能力层

    行为层

    环境层

第四章　三大正确工作状态

前面的五大不良工作状态中，忙忙碌碌和没有规划两个不良工作状态，背后深层的原因都是不会做人生规划和工作计划的技能问题，我们在本书后面章节中会专门讨论如何做人生规划和工作计划。这里暂且不表。

对于其他三大不良工作状态，我们可以有针对性地建立三大正确工作状态。

第一个正确工作状态：做好职场效益管理工作。职场效益管理是时间管理，更是事件管理，但本质是自我管理。人的一生就是从出生到死亡时间慢慢流逝的过程，人生要有意义，无论获得任何效益肯定都离不开不可或缺的资源——时间，因此，效益管理肯定不可避免地会是时间管理。

时间具有四个特征：供给无弹性、无法积蓄、无法取代、无法失而复得。

1.时间供给无弹性：时间的供给量是固定不变的，不会增加，不会减少，不管如何管理，上帝都公平地给了我们每个人每天24小时，既不能多一秒，也不会少一秒，无法开源。

2.时间无法积蓄：时间不像人力、财力、物力和技术能被积蓄储藏。不论是否愿意，时间总会流逝，无法节流。

3.时间无法取代：任何一项活动都有赖于时间的堆砌，这就是说，时间是任何活动所不可缺少的基本资源，无法被其他资源取代。

4.时间无法失而复得：时间无法像实物一样失而复得。它一旦丧失，则会永远丧失。花费了金钱，尚可赚回，但倘若挥霍了时间，则无法挽回。

以上的四个时间特征决定了人类无法直接通过管理时间本身而获得效益，只能把时间作为一种资源用来做某件事情，也就是事件管理！

很多事件都是超出我们个人的掌控范围的。在老王的故事里面，例如下属肚子疼、电视播球赛、领导让他去处理投诉等事件，对于老王而言也是无法阻止其发生的，所以外部事件的不可控性决定了人类是无法直接通过管理事件本身而获得效益的，只能管理自己！

职场效益管理是时间管理，更是事件管理，但本质是自我管理。

那为了提高职场效益，我们需要管理自己的什么呢？

第二个正确工作状态：发自内心地愿意改变现状，调整自己。

美国作家斯宾塞·约翰逊创作的全球销量超过2000万册的书《谁动了我的奶酪？》是一个著名的寓言故事。书中讲了四个虚拟人物，两只小老鼠嗅嗅、匆匆和两个小矮人哼哼、唧唧寻找奶酪的故事。他们生活在一个错综复杂的迷宫里，奶酪是他们每天要寻找的美味食物。有一天，他们找到了一个奶酪仓库，尽情享用一段时间之后，这些奶酪又消失不见了。小老鼠嗅嗅和匆匆立即穿上时刻挂在脖子上的跑鞋，重新进入迷宫寻找新的奶酪。他们俩因成功找到了更多更好的新奶酪而活了下来。小矮人唧唧则无法接受奶酪已经消失的残酷事实，陷入了无限的抱怨之中。后来，经过激烈思想斗争的唧唧转变思维模式，重新穿上自己的跑鞋进入黑暗的迷宫，他也成功找到了更多更好的新奶酪，活了下来。小矮人哼哼也无法接受奶酪已经消失的残酷事实，陷入了无限的抱怨之中。他选择继续停留在原地怨天尤人，不愿离开曾经舒适的场所，幻想着有一天奶酪会重新出现，结果悲惨地饿死了。

故事很短，寓意也很明显，就是在说"改变"二字。变化无处不在，这世界唯一不变的就是改变。如果不改变，我们就会被淘汰。迅速适应改变，我们才能抢占先机。

寓言还向我们揭示了一个道理：改变最大的障碍来自本身。

人常说，"由俭入奢易，由奢入俭难"。一点不假，舒适的环境容易让人丧失斗志，忘记曾经奋力奔跑的过程。

书中四个小主角在第一次找到大堆的奶酪时，哼哼说过这样一句话："我们有权利拥有这些奶酪，因为它们是我们努力了很久才找到的。"

是的，当初为了找到奶酪，他们努力了很久。但在享用这些奶酪的过程中，哼哼完全忘记了曾经为了找到这些奶酪，他们在黑暗的迷宫中奋力奔跑的过程，更不愿意再去努力很久，找到更多更好的奶酪。

而在奶酪消失后，哼哼和唧唧对这一变故毫无准备，只能不停地大喊："奶酪没了？奶酪竟然没了！""谁动了我的奶酪？""这不公平！"

再慷慨激昂的控诉也不能让消失的奶酪重新回来，面对变故手足无措、愤怒诅咒都无济于事，只能让自己陷入无休止的烦恼之中。

这就像人们耽于眼前的一点温饱和惬意，为即将到来或已经到来的改变充满抱怨，而忘了人生本来就充满变数。奶酪迟早会消失，只有面对变化，努力调整自己才是行之有效的方法。

效益管理首先是发自内心地愿意改变现状，调整自己。

为了提高职场效益，我也愿意改变了。可究竟要从什么地方做起呢？

第三个正确心态：控制自我对事情的反应。

想要什么样的人生完全取决于你自己的态度。佛教经书中说："相由心生，境随心转。"一言以蔽之，世间变幻皆因心念而起。有什么样的心态，就有什么样的心境；有什么样的心境，就有什么样的面相。这就叫相由心生，境由心造。"境随心转"揭示了人与社会之间的关系。人的心境不仅决定着周围的环境和情境，还决定着我们所处的社交环境。我们的态度、情绪和信念直接影响着我们与他人的交往和互动。当我们心情愉悦、积极向上时，我们会更容易与他人建立良好的关系，与他人更加和谐地相处；而当我们心情低落、消极怠慢时，我们则更容易与他人产生摩擦和冲突。因此，要改变周围的环境和社会，首先要改变我们自己的内心状态。

社会心理学家利昂·费斯汀格有一个很出名的判断，被人们称为"费斯汀格法则"，他认为：

生活中的10%是由发生在你身上的事情组成，另外的90%则是由你对所发生的事情如何反应所决定。换言之，生活中有10%的事情是我们无法掌控的，而另外的90%却是我们能掌控的。

利昂·费斯汀格在书中举了这样一个例子：

卡斯丁早上起床洗漱时，随手将自己的高档手表放在洗漱台边，妻子怕手表被水淋湿，就随手拿过去放在餐桌上。儿子起床后到餐桌拿面包时，不小心将手表碰到地上摔坏了。

卡斯丁爱惜手表，就照儿子的屁股揍了一顿，然后黑着脸骂了妻子一通。妻子不服气，说是怕水把手表打湿。卡斯丁却说他的手表是防水的。

于是二人激烈地争吵起来。一气之下卡斯丁连早餐也没有吃，直接开车去公司，快到公司时突然记起忘了拿公文包，又立刻掉头回家。

可是家中没人，妻子上班去了，儿子上学去了，卡斯丁的钥匙留在公文包里，他进不了门，只好打电话向妻子要钥匙。

妻子慌慌张张地往家赶时，撞翻了路边水果摊，摊主拉住她要赔偿，她

不得不赔了一笔钱才脱身。

待拿到公文包赶到公司后，卡斯丁已经迟到了15分钟，挨了上司一顿严厉批评，卡斯丁的心情坏到了极点。下班前又因一件小事，跟同事吵了一架。

妻子也因早退被扣除当月全勤奖。儿子这天参加棒球赛，原本夺冠有望，却因心情不好发挥不佳，第一局就被淘汰了。

在这个事例中，手表摔坏是其中的10%，后面一系列事情就是另外的90%。当事人没有很好地掌控自己对于90%事情的反应，才导致这一天成为"闹心的一天"。

试想，卡斯丁在那10%产生后，假如换一种反应，比如，他抚慰儿子："不要紧，儿子，手表摔坏了没事，我拿去修修就好了。"这样儿子高兴，妻子也高兴，他本身心情也好，那么随后的一切就不会发生了。可见，你控制不了前面的10%，但完全可以通过你的心态与行为决定剩余的90%。

改变的关键在于控制自我对事情的反应。

再看一个关于骆驼的故事。

一只骆驼在沙漠里跋涉着。正午的太阳像一个大火球，晒得它又饿又渴，焦躁万分，一肚子火不知道该往哪儿发才好。

正在这时，一块玻璃瓶的碎片把它的脚掌硌了一下……

疲累的骆驼顿时火冒三丈，抬起脚狠狠地将碎片踢了出去，却不小心将脚掌划开了一道深深的口子，鲜红的血液顿时染红了沙粒。

生气的骆驼一瘸一拐地走着，血迹引来了空中的秃鹫，它叫着在天空中盘旋着。骆驼被吓得狂奔起来……

跑到沙漠边缘时，浓重的血腥味引来了附近沙漠里的狼，疲惫再加流血过多，无力的骆驼只得像只无头苍蝇般东奔西突，仓皇中跑到了一处食人蚁

的巢穴附近。

鲜血的腥味儿惹得食人蚁倾巢而出，黑压压地向骆驼扑过去。

一眨眼，食人蚁就像一块黑色的毯子一样把骆驼裹了个严严实实。不一会儿，可怜的骆驼就鲜血淋漓地倒在地上了。

临死前，骆驼追悔莫及地哀叹：我为什么要跟一块小小的碎玻璃生气呢？

在遇到不愉快的事情时，我们更需要放宽心胸，善待生命、善待他人、善待自己。成就人生大事，需要有超常的承受力、忍耐力，小不忍则乱大谋，越是受到委屈时，越需要冷静、理智，这样我们才能从容地克服每个困难，走向成功。

三大正确工作状态精要

三大心态

  职场效益管理是时间管理，更是事件管理，但本质是自我管理。

  效益管理首先是发自内心地愿意改变。

  改变的关键在于控制自我对事情的反应。

时间的四个特征

  供给无弹性

  无法积蓄

  无法取代

  无法失而复得

两个寓言

  四只老鼠谈改变

  一只骆驼说反应

一个法则

  费斯汀格法则

第五章　效益圈

　　春秋时期，吴王夫差凭借自己国力强大，领兵攻打越国。结果越国战败，越王勾践也被抓到吴国。吴王为了羞辱勾践，让他住在坟墓前的一处石屋中，条件异常简陋，并差遣勾践为自己喂马，每逢自己出行时，就让勾践给自己拉马牵绳，做一些奴仆的工作。勾践忍辱负重，吴王出门时，他走在前面牵着马；吴王生病时，他在床前尽心照顾。吴王看到勾践这样忠诚，就允许他返回越国。勾践回国后卧薪尝胆、艰苦奋斗，最终打败了吴国，越国也成为春秋时期的一大强国。我们用这则事例"开眼、动心、明方向"，用一个表格，姑且称为"牵马效益表"，来梳理和揭示背后隐含的一个深层的人类行为的规律。

牵马效益表

刺激	反应	合理化	行为	效益
牵马	侮辱	战败之后被困于敌国是侮辱人格	反击	打赢了民穷财尽
				打输了国破家亡
	挫折	是侮辱人格，但无法反击敌国，我真失败	强忍	轻则情绪低落
				重则心理抑郁
		是侮辱人格，但人在屋檐下，不得不低头	躺平	逆来顺受 一事无成
	磨炼	侮辱和挫折也是对灵魂的淬炼	韬光养晦	不鸣则已，一鸣惊人

作为旁观者，我们是能看到另一个人的人生效益的，也就是说这个人是得不偿失，还是满盘皆输；是情绪低落、心理抑郁，还是逆来顺受、一事无成；还是成就伟业、名垂千古；还是……真道是：匆匆人一世，效益各不同！那我们就不禁要问一个问题：一个人的效益究竟是由什么决定的呢？

有句话说得好，叫"行为决定效益"，在上面的"牵马效益表"里面，是反击这种行为决定了勾践民穷财尽或国破家亡；是强忍这种行为决定了勾践的情绪低落或心理抑郁；是躺平这种行为决定了勾践的一事无成；也是韬光养晦这种行为决定了勾践获得成功！

继续"打破砂锅问到底"，一个人的行为究竟是什么因素决定的呢？

人类行为学研究表明，思维是极其复杂的心理过程，包括记忆、想象、思考、判断、理解等。行为本质上只是大脑针对所收集到的信息进行一系列加工处理后，选择了"自以为"当下"最合理"的判断，并指挥躯体做出相

应的反应动作（这个过程笔者称为"合理化"的过程，合理化作用赋予行为一个合乎逻辑，合乎理性或至少有可被接受的动机）。因此，行为是思维的外在表达。合理化决定了我们的行为。

回到咱们前面的"牵马"，一个人觉得受到了人格侮辱，并且实力对等，所以才反击；一个人觉得受到了人格侮辱，实力不够，自怨自艾，所以才抑郁；一个人觉得受到了人格侮辱，实力不够，放弃抗争，所以才躺平；一个人觉得受到了磨炼，是成功的必然淬炼，所以才成功！每个人的特定行为站在行为人的角度都是有道理的！道理人人有，立场各不同。

继续"打破砂锅问到底"，那一个人的合理化的过程又是由什么决定的呢？

心理学和行为学研究表明：一个人的思维反应模式决定了思维的遮蔽性和合理化的独特性。有人认为"牵马"是一种侮辱，有人认为是一种挫折，也有人认为是一种磨炼。这种给客观事物赋予某种特定主观含义并进行合理化的思维过程就是反应模式，反应模式具备本能性，比如，人在受到突然攻击的时候，本能的反应模式就是三种：装死、逃跑和反击。就像一个人走在马路上，后脑勺突然被人重重地拍了一下，这个人的反应如果是看都不看对方是谁，反手就是一巴掌打回去，等打完才发现对方是个老熟人，于是赶紧道歉，这种反应模式就是反击模式；这个人的反应如果是猛地蹿出去很远，然后才扭头看是谁打的，这种反应模式就是逃跑模式；这个人的反应如果是摸着后脑勺，愣在原地，迟疑了几秒钟后才扭头看是谁打的，这种反应模式就是装死模式。现在年轻人常说的"躺平"和"佛系"就是一种典型的装死模式。该模式同时具备可选择性，也就是说人之所以是一个理性智慧的"人"，在受到外界刺激的时候，人是可以遮蔽本能，控制和调整自己的反应模式的，例如把卧薪尝胆视为磨炼就是典型的可选择性反应模式行为。如果我们都希望提升效益，让自己进步，就必须改变自己的反应模式，打破原有的本能性，发挥自己的选择性反应！

继续"打破砂锅问到底",那一个人的反应又是由什么决定的呢?

既然给客观事物赋予某种特定主观含义并进行合理化的思维过程就是反应模式,也就是说触发人做出特定反应的是外面的客观事物,它仅仅是个激发反应的刺激因素而不是决定因素,它不会因为我们怎么看待它而改变。就像不管你认为卧薪尝胆是侮辱、是挫折、还是磨炼,都不能否认它是个苦胆。心理学和行为学研究也表明:一个人的成长环境决定了他的思维反应模式。成长环境由自然环境和社会环境构成,它们能够影响一个人对外界客观事物的看法,进而影响一个人对时间的使用方式和注意力的使用过程。

关于环境刺激对于一个人的影响,最典型的例子应该是"孟母三迁"的故事了。

孟子的父亲在他年幼的时候就去世了,孟母只能依靠织布来维持艰难的生活。孟子和母亲住在墓地旁边,孟子就和邻居的小孩一起学着大人跪拜、哭号的样子,玩起办理丧事的游戏。孟子的母亲看到了,就皱起眉头:"这个地方不适合我的孩子居住!"于是就带着孟子搬到集市,靠近杀猪宰羊的地方去住。到了集市,孟子又和邻居的小孩学起商人做生意和屠夫宰猪羊的事。孟子的母亲知道了,又皱皱眉头:"这个地方也不适合我的孩子居住!"于是,他们又搬家了。这一次,他们搬到了学校附近。每月夏历初一这个时候,官员到文庙,行礼跪拜,礼貌相待,孟子见了之后都跟着学习。孟子的母亲很满意地点着头说:"这才是我儿子应该住的地方呀!"于是永久定居下来。在这样优良的环境熏陶下,孟子终于成长为仅次于孔子的"亚圣"。

后来,大家就用"孟母三迁"来表示环境对一个人的影响。

行文至此,咱们抽丝剥茧,打破砂锅问到底,结合心理学、行为学的研究以及笔者二十年管理咨询过程中对企业管理行为的广泛观察和深入思考,共发掘到了四个关于职场效益的关键因素,分别是刺激、反应、合理化和行

为。这四个关键因素可以用一个"效益圈"模型来表达，就是下图：

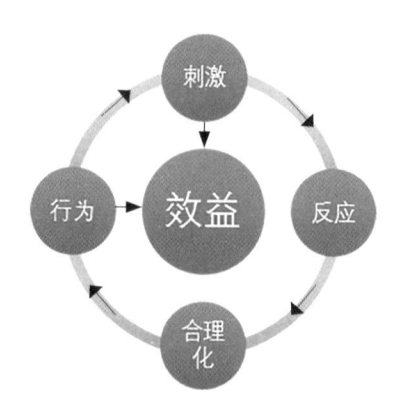

效益圈模型

箭头表示的是刺激直接到效益，是先天、本能、不可控的效益产生机制；刺激激发反应、反应选择合理化、合理化驱动行为、行为产生效益，这是后天、理性、可控的效益产生机制。

对于效益圈的解读分两个角度，一个角度是提升个人效益，另外一个角度是提升他人效益。

就提升个人效益而言，从前面效益圈的分析过程可以看到，在特定的不可改变的环境刺激下，提升自己的效益的关键在于控制反应，也就是说在我们面临着某个具体事件的刺激的时候，一定不能简单地进行本能反应，因为这样产生的效益是不可控的，而是应该系统思考、理性地分析这个客观事件背后隐含的多种价值和意义，从而非常谨慎地选择自己看待事件的角度和合理性，进而掌控自己的言谈举止等行为，最终把这件事情的效益掌握在自己手里。具体操作的方法就是每当遇到需要特别谨慎对待的重大事件，在做出本能的反应行为之前，先冷静地思考前面那张"效益表"，强迫自己从多个角度和立场看待同一个事件，通过分析各种行为所造成后果的利弊，达到控制自己的行为和最终效益的目的。要通过"效益表"持之以恒地锻炼，直到养成持续的思维习惯和行为风格，就可以形成新的本能反应。

一位身为管理者的读者，或已经为人父母的读者，恐怕除了需要提升自己的效益，很多时候还需要提升别人的效益，比如提升员工绩效，提升孩子的学习成绩……就改变别人的效益而言，效益圈又有什么启发呢？

第一，可不可以直接改变另外一个人的效益呢？答案是可以，代替！比如有些家长替孩子做家庭作业，不明真相的老师以为是孩子做的，于是孩子的作业考评结果立马就提升上去了。可孩子的学习效益能够持续吗？有些家长溺爱孩子，凡事都替孩子大包大揽；但一旦脱离家长的护佑和帮扶，孩子的自理自立能力真的提升了吗？有些管理者，看下属工作效率低下或者工作质量不如自己的意，就干脆把下属推开，自己代替下属干了。下属的业绩也许一时上去了，但又能维持多久呢？替别人干活，确实可以改变别人的效益，但可以一时不可以一世！紧急情况下也许可以用来临时应急，但绝非长久之计！

第二，可不可以直接改变另外一个人的行为呢？答案是可以，盯防！比如有些家长就盯着孩子做家庭作业，一看孩子某些学习行为不对，立即予以指正，孩子在家长的监督之下短期内学习成绩也许能提升上去。可孩子学习的效益能够持续吗？比如有些管理者，看下属工作不规范，就在下属旁边盯着下属操作，有问题随时指正。也许下属的操作暂时规范了，可一旦离开领导的监督，下属的规范化操作又能维持多久呢？盯防和监督别人干活，确实可以改变别人的效益，但可以一时不可以一世！紧急情况下也许可以用来临时应急，但也绝非长久之计！

第三，可不可以直接改变另外一个人的合理化呢？答案是偶尔可以，讲道理！比如有些家长一看孩子不肯学习，喜欢苦口婆心地跟孩子讲道理，让孩子好好学习，不要贪玩。孩子在很小不懂事的时候，也许有点用处。但随着孩子长大一点，家长很快就会发现讲道理没有用了，你说一句话孩子有十

句话怼回来，或者干脆左耳进、右耳出，充耳不闻，态度老实但屡教不改！可见通过讲道理纠正别人的合理化的效益也是不能持续的。比如有些重视企业文化宣传和员工思想工作的管理者，搞了无数次管理培训和员工谈话，给员工苦口婆心地讲道理，员工当时嘴上不说，心里却嘀咕"你站着说话不腰疼！""饱汉子不知饿汉子饥"……培训或者谈话结束后，员工大多依然我行我素。因此，改变别人的合理化，个别特殊情况下也许可以改变别人的效益，但也是可以一时不可以一世！也绝非长久之计！

第四，可不可以直接改变另外一个人的反应呢？答案是绝对不可以！因为我们每个人都是一个思维完全独立的生命个体，一个人是完全无法直接操控另外一个人的心理活动和反应模式的！

既然这样，那到底怎样才能持久地改变另外一个人的效益呢？答案就是"刺激"，选择合适的刺激并以合适的方式向对方提供刺激，就可以改变别人的效益！

笔者出生在山东一个极其贫穷的小村庄里面，那个时候供孩子考上大学，就已经是我土里刨食的父亲能够想象到的非常远大的目标了。以我家的贫穷状况，过年能有一包鞭炮放就是一个小男孩极大的奢望了。为了鼓励我好好学习，老父亲给我制定了一条规矩：年终考全村第一名，过年奖励三包鞭炮；年终考第二名，过年奖励两包鞭炮；年终考第三名，过年奖励一包鞭炮；前三名以外，一包也没有！于是，在我小学五年的学习期间，我内心一直有个声音在提醒我：学不好，没鞭炮！在鞭炮的诱惑和刺激下，我拼命学习，几乎每年都考全村第一名。每当看到我的名字在大红榜上排在第一位，并被学校老师张贴在村里最显眼的大街上的时候，父亲总是露出骄傲的表情，逢人就说：第一名是我儿子。而我过年也每每获得三包鞭炮。之所以说"几乎"，是因为有一年我考了并列第一名，但张榜公布的时候，我的名字被排在了第二位（备注里是并列第一名）。选择正确的刺激方式是改变别人

效益的关键第一步！

关于用合适的方式提供刺激，典型的反面案例就是"廉者不受嗟来之食"的故事。

春秋战国时期，有一年，齐国发生了严重的饥荒，粮食奇缺，一大批穷人由于缺粮少食而被活活地饿死。这时，有一个名叫黔敖的贵族奴隶主，想发点"善心"。每天一早，他便在大路旁摆上一些食物，等着饿肚子的穷人经过，便可施舍给他们，以显示他的"仁慈"。

一天，黔敖又坐在路旁的车子上，等着有人经过。正在这时，一个饿得不成样子的人走了过来。他用袖子遮着脸，拖着一双破鞋子，眯着眼睛，摇摇晃晃地迈着步子，身体十分虚弱。黔敖看到后，认为显示自己"仁慈"的时候到了，便左手拿起食物，右手端起汤，老远就傲慢地吆喝道："喂！来吃吧！"

他一心以为那个饿汉会对他感恩不尽，感谢他的好意和慷慨。可出乎意料的是，那个饿汉抬起头抖了抖衣袖，轻蔑地瞪了他一眼，说道："我就是因为不吃这种嗟来之食才饿成这个样子的。你以为一个人为了食物，就会抛弃自己的尊严，接受这种侮辱性的施舍吗？你还是收起你那假仁假义的一套吧！"

黔敖听了这番话，惭愧至极，跟在后面向他道歉，可他就是不吃，最终饿死了。

"廉者不受嗟来之食"的故事告诉我们，哪怕我们找对了合适的刺激形式，也必须注意提供刺激的方式。通过刺激改变别人效益的过程必须站在对方的角度思考，并选择合适的刺激的形式和提供方式。

效益圈精要

牵马哲学

　　道理人人有、立场各不同

效益表

　　刺激——反应——合理化——效益

效益圈

　　刺激激发反应、反应选择合理化、合理化驱动行为、行为产生效益；

　　改变自己的效益，关键在于控制反应；

　　改变别人的效益，关键在于选择合适的刺激并以合适的方式提供！

第六章　效益圈管理实践

效益圈在现代企业管理中有非常大的实践意义和重大价值。

现代企业管理中有一个必不可少的环节，那就是给员工做绩效考核和员工辅导，这一环节可以运用效益圈。

员工的绩效结果（职场效益）是可以看到的，通常以排名、评分或者实际工作表现数据等形式呈现出来。目前很多企业的管理者，往往是直接针对绩效结果本身进行简单的排名，按照事先规定的奖惩制度进行考核。这种方式简单迅速，仅需要非常简单的结果展示，甚至完全不需要沟通。这对于管理者表面上是效率很高的方式，但失去了一次绝好的跟员工面对面交流、了解员工、促进感情、发现问题、提升效益的大好机会！这种简单直接的绩效考核方式，在员工眼里就是单纯的"考核"，员工一听就头大，心里会非常抵触甚至反感。这种企业里面的绩效考核和员工辅导的培训课堂几乎就是员工的"吐槽大会"。员工对此的评价也只会是这种只进行绩效考核而不辅导的方式考核不公平，对人不对事，不了解下情，员工没有参与感……这种绩效考核方式会让企业一直陷在效益负循环里面，绩效长期得不到改善。

让我们沿着效益圈，向前进一步到行为层，在向员工展示绩效结果的

同时，能够看到或者听到（询问）员工取得该绩效结果背后的行为。如果员工绩效好，那说明其行为是正确的，就能很容易找到获得优良绩效的关键行为，然后管理者把这种关键行为萃取出来，固化、标准化和推而广之，就可以使整个团队效益最大化；如果员工效益不好，那说明其行为一定有问题，就可以把其行为与绩效优良者的行为做对比，运用比较差异法，让员工发自内心地接受自己哪一个行为点上的错误，并懂得如何改进！这种绩效考核和员工辅导方式会让员工觉得对事不对人、考核很公平，也有了一定程度的参与感，感受到管理者对自己的尊重……

让我们沿着效益圈，再向前进一步到合理化层，在管理者和员工就取得该绩效结果背后的关键行为达成共识以后，再进一步询问员工采取那些关键行为背后的理由和动机（合理化的过程）。当身为管理者的你真心探寻和倾听员工上述行为背后的理由和动机的时候，你一定能够体会到"道理人人有，立场各不同"，同时发自内心地理解员工行为的合理性以及员工考虑问题的立场和动机，反过来，也能意识到自己看待同样问题的立场和动机与员工究竟有什么差异，从而做到换位思考、知己知彼。这样的绩效考核和员工辅导方式会让员工感觉管理者是个富有同理心的人，因为他们觉得管理者特别能够理解自己，也就不再担心自己说错话、做错事会遭到管理者的鄙夷、轻视和打压，员工就能在管理者面前敞开心扉，畅所欲言，对于自己的错误勇于承担责任，对于自己的考核结果心甘情愿地接受了。做一个"知心"的管理者，是一个未来管理者最重要的基础管理素质！

作为一个卓越的管理者，通常还应该沿着效益圈再向前进一步到达反应这一层，也就是持续多次地与员工进行辅导对话，并逐渐归纳和总结员工相对固定的反应模式，比如员工的脾气秉性、性格特征、个人目标……而一旦掌握了员工的反应模式，就可以预判一个员工的行为和表现，更好地采取有针对性的预防措施而不是事后补救，从而为后面的管理工作，比如人事匹配、任务分配、授权等打下"知人知心"的坚实基础。

完成上述所有步骤后，知人知心的员工绩效辅导工作就算是结束了。至于考核的部分，由于员工通过绩效辅导已经心甘情愿地接受了自己的绩效结果，那就可以遵照事先约定的考核制度进行相应的考核。对于绩效好的，予以正刺激（发奖金、升职、评先进、表扬……），而员工一旦接受了正刺激，他们就会很自然地理解成自己以前的行为是对的，就会继续坚持正确的行为从而一直保持优良的绩效，形成效益正循环；对于绩效不好的，予以负刺激（扣奖金、降职、开除、批评……），而员工一旦接受了负刺激，他们就会很自然地了解到自己以前的行为是错的，就会修正自己的行为使自己的绩效得以改变，直到绩效变好并获得管理者的正刺激为止。这样就把员工从效益负循环里面拉出来，进入效益正循环。

以上就是效益圈在现代企业管理实践中的一种典型应用场景。

效益圈管理实践精要

辅导而不是考核

知人知心的辅导技术

第七章　效能

按照前面效益圈模型中的"行为决定效益"，咱们重新回到老王的故事里面，您认为老王的哪些具体的行为造成了那份事关升职的重大工作计划报告的失败呢？或者换句话说，如果您是老王的话，哪些行为是您不会做的呢？书读至此，建议您把书翻回到"开眼"那一章，把您认为的老王不该做的行为圈出来。相信您一定可以圈出很多行为，通常包含但不限于：替下属开会、打乒乓球、接骚扰电话、按时下班、看球赛……

效益圈模型告诉我们：每个人的行为都有合理性，每个人都认为自己的行为是有道理的！笔者深信您觉得老王不该做的那些行为肯定有您的正当理由，同时您也会坚决采取与老王不一样的行为。但笔者更想跟您分享和探讨的是：当您不采取和老王同样的行为的时候，您的行为会是什么？同时换位思考一下：老王为什么要做那些行为呢？在这么多年的企业咨询过程中，笔者发现很少有人注意到上述问题，现在把我的观察分享给大家：

老王行为分析表

老王不该做的行为	老王为什么这么做	您会做什么
替下属开会	做下属眼里的好领导	让其他人去开会，专心写报告
午饭后打乒乓球	照顾自己的身体健康	晚点吃饭，不打乒乓球，先写报告
投诉	做领导眼里的好下属	以后再处理，先写报告
接打电话	做好供方，万一是客户打来的呢？	关机，专心写报告
下班	接孩子，做好父亲；回家做饭，做好丈夫	加班写报告
球赛	照顾爱好，娱乐，不然活着没意思	写完报告再看球赛

请您仔细阅读一下上述表格，开眼、动心、思考同等情况下，您会怎么做？您有什么发现和结论？我相信，除了再次证明咱们前面效益圈里面提到的"道理人人有，立场各不同"以外，您还会发现：虽然面临的是同样的事件，您和所有认为老王不该做那些行为的人一样，全都是把老王那些行为占用的时间用来写报告！而老王那么做的时候，脑海里想的是做好领导、做好下属、做好父亲、照顾自己……恰恰没有想到"写报告"这三个字！这本质上是一种什么差异呢？是目标的差异！也就是效能的差异！

在觉察到目标不同才导致行为不同之后，咱们不妨继续思考下去，您的目标和老王的目标存在什么明显不同的特征呢？有三个特征是很明显的：第一，您的目标就是三个字"写报告"，而老王脑海里完全没有"写报告"这三个字，我们称为目标的正确性。第二，您的目标是始终如一的"写报告"，是恒定、不受外界事物刺激而改变的，而老王的目标是随着外界事物的变化而随时改变的，看到下属请假，他想做好领导了；看到领导，他想做好下属了；看到老婆，他想做好老公了……我们称为目标的恒定性。第三，

您的目标数量很少，甚至仅有一个，而老王的目标数量非常多，要做好领导、好下属、好供方、好父亲、好自己……什么都想做好，我们称为目标的专注性。也就是说，如果我们选错了目标并且随着外界事物的刺激而随时改变，我们就是第二个老王；相反，如果我们选择了正确的目标并持之以恒地坚持下去，就可以跳出老王的怪圈，收获自己理想的职场效益！

目标决定行为，行为决定效益。

既然目标跟效益之间存在如此紧密的联系，那我们要想收获圆满的人生，就必须先树立自己的人生目标。

关于人生目标，哈佛大学做过一项非常著名的历时25年的社会学调研。研究者以哈佛大学里一群正值青春年少，智力、学历、面临的环境都相差无几的准毕业生为样本，跟踪研究了他们毕业后25年的人生状况，发现造成这群人前途迥异的关键因素并不是出身，而是最初的人生目标。

研究者在他们即将离开校园时，对他们做了一次关于自己个人人生目标的调查，调查结果是：

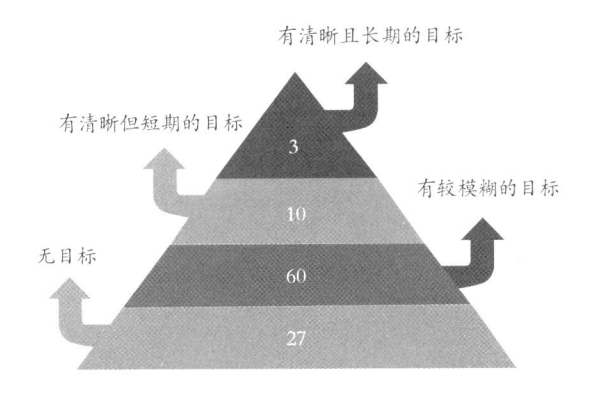

3%的人有明确的长远目标。比如：成为某个领域的领头羊、当选所在地区的领导……周恩来总理在少年时代就立下了"为中华之崛起而读书"的宏

伟志向。

10%的人有清晰的短期目标。比如：三年买上房子，五年当上高层，10年出本专著……

60%的人有目标但模糊不清。比如：好好学习，天天向上；我要幸福；我要过好日子……

27%的人没有目标。他们的采访回答往往是：目标没啥用处，定了也没有用；到哪座山唱哪首歌吧；我又做不了主……

在经历长达25年的跟踪调查后，发现那3%从一开始就对人生有明确规划的学生，虽然有些目标未必达到，但在努力的过程中已经无一例外都成了社会各界的成功人士。

10%有短期目标的人大都生活在社会的中上层。他们的共同特点是：那些短期目标不断达成，生活状态稳步上升，拥有相对不错的社会资源，成为各行各业不可或缺的专业人士，如医生、律师、工程师、高级主管等。

60%有目标但不明确的人，几乎都生活在社会的中下层，他们能安稳生活与工作，但都没什么特别的成绩，最终都归于平凡，成为在社会生活流水线上的一颗普通螺丝钉。

而剩下的27%没有目标的人，几乎都生活在社会的最底层，他们的生活过得很不如意，常常失业。靠社会救济，并且常常都在抱怨他人，抱怨社会，抱怨世界。

看过这篇调研报告的数据，相信您和笔者都能很自然地得出一个结论：

就获得更高的社会地位而言，
目标有比没有好，目标清楚的比模糊的好，目标长期的比短期的好。

为什么一定要加"就获得更高的社会地位而言"这个前提呢？笔者在

二十余年的企业咨询过程中发现：没有这个前提的话，单纯讨论目标的这个结论与很多人所追求的幸福人生体验是违背的！佛罗伦丝·斯卡维尔·希恩是美国20世纪最伟大的精神导师之一、著名画家、畅销书作家。她在《幸福密码》一书中指出：幸福感很强的人主要分布在两类人群，对应哈佛的四个层级分别是社会的顶尖人士和社会中下层的人士，也就是说一部分是获得实现宏大目标的成就感所带来的幸福，另外一部分就是降低自己的目标获得内心的满足感，也就是咱们常说的"无欲则刚"。社会中上层之所以幸福感很差，按中国老话说就是"比上不足，比下有余"，始终处在一个内心的纠结状态。社会最底层肯定是不幸福的，这就不言自明，无须赘述了。希恩晚年继续深入跟踪所研究的人群的动态表现的时候，又发现一个规律：社会顶尖人士的幸福感极其不稳定且幸福感平均值是低于中下层的，而中下层人士的幸福感一直很稳定在一个相对很高的程度！于是希恩把"无欲则刚"称为幸福的最终密码。因此，从提升幸福感的角度而言，不给自己设定很高远的目标，难得糊涂，随遇而安，乃至于"佛系""躺平"就有其合理性和理论基础了，只不过这种人是放弃了取得更高效益和社会地位的机会而已。

关于人生目标，国外的一家电视台进行过一项长达56年的社会调查实验，从1946年开始拍摄，每隔七年记录了几个背景完全不同的英国孩子的生活，导演让这些孩子对着镜头诉说自己未来的人生目标以及他们梦想中的生活，并拍摄了一部纪录片。在该纪录片中，有人生成功的例子，希乔恩和沃克从小就有远大的理想，他们对着镜头说想要解开天体的秘密和想当职业赛马师，在以后的人生道路上，他们不断为理想而奋斗，最终实现了小时候的理想；当然纪录片中也有人生失败的例子，西蒙在7岁时对着镜头说想要成为电影明星，14岁时又想做一名工程师，21岁时他又成了一名司机，35岁时他又成了一名杂工，理想变成了照顾孩子，他在最后一次采访中表示很后悔自己偷懒，轻易放弃或改变了自己的目标。这个纪录片在一定程度上说明：只

有坚定地树立目标并为之不懈奋斗，才能获得最终的成功。

我坚定以下几点：

努力实现你所设想的目标，职场效益就上升；
努力保住你所实现的目标，职场效益就下降！

我的亲身经历就是一个很好的例子。我出生在山东一个极其贫穷落后的农村。本来祖上略有积余，是可以送父亲上学识字的，只是因为其他原因，父亲又退学了。于是到了我这一代，我父亲就把自己未竟的志向寄托在我和妹妹身上，老人家从小就给我们灌输"好好学，考大学"的思想。在老人家的谆谆教导下，我和妹妹顺利地一同考上了大学。这在我们县里是个很了不起的轰动事件，县里报社还专门采访了我的父母，父亲很木讷，采访时没说话。我母亲对记者说："我这辈子最想的就是孩子们有出息，我就是拼尽一切，也要供俩孩子上大学！"我考上四川大学以后，国家改革开放，经济形势一片大好的同时，大学生的就业竞争也日趋激烈，老父亲这个时候又对我说："好好学，考个研。"我一想也对，本来松懈下来的学习劲头，又重新鼓舞起来。但就像已经到站刹停的车需要重新启动再出发，当然就不如一直踩着油门的车更早达到终点一样，携高中备考之余威，我在大学一年级就一次考过英语四级，但直到大学四年级毕业，我的英语六级都没有通过！我最终没能如愿考上研究生。有一年我跟父亲聊起我当年没有考上研究生的遗憾，我半开玩笑半认真地对父亲说："您当年如果从小就给我灌输'好好学，考个研'的话，您就有个研究生儿子了！"老父亲还是木讷地笑了笑，没有说话……

行笔至此，笔者必须特别强调和明确一点，这本书跟大家探讨的是如何提升职场效益，让您取得更高的个人提升，而不是探讨日常的幸福体验。如

果您试图从该书中学习到如何获得短暂的职场幸福感的话，那您就可以把书合起来，去做其他能娱乐身心的事情了。或者说，如果您对本书里面的某些观点感觉不能理解的时候，请您先扪心自问：我之所以不能理解这种观点，我内心的目标是想提升自己，让自己获得更大的成就感还是想获得短期的幸福体验呢？当然，我很期待您的回答是提升自己，让自己获得更大的成就感，从而继续读下去，因为这本书将会帮助您提升您的职场效益，最终也能让您拥有一个成就卓越、幸福圆满的人生。

效能精要

道理人人有，目标各不同。

目标决定行为，行为决定效益。

就获得更高的社会地位而言，目标有比没有好，目标清楚的比模糊的好，目标长期的比短期的好。

努力实现你所设想的目标，职场效益就上升；

努力保住你所实现的目标，职场效益就下降！

幸福的密码

幸福与效益

第八章　人生规划

明代大思想家王阳明曾说："志不立，天下无可成之事。"谚语说"有志之人立长志，无志之人常立志。"可见志向（目标）对一个人是多么重要，目标就像灯塔一样照亮人生前进的方向，有了目标人就有了前进的动力。既然目标对一个人这么重要，那么如何找到并确立自己的人生目标并进行有效的人生规划呢？我觉得可以从五个步骤来寻找。

第一步是发现爱好。

年少时期虽然没有清晰的目标，但是内心的渴求和欲望不会骗自己。你一定会对一些事情自发地热爱并关注，第一眼看见的时候可能就很心动，而这些能令你发自内心关注的人和事其实就是你的爱好，就是你的心之所向。比如笔者的爱好就是徒步和拍摄自然风景。爱好是能量之源，心理学研究表明，人在专注地做自己喜欢的事情的时候，很容易进入心流状态。心流也叫最优体验，是一位心理学家在调查研究的基础上提出的概念。心流指的是一种将大脑注意力毫不费力地集中起来做某件事情的状态，这种状态可以使人忘记时间的概念，忘掉自我，在这件事完成以后有一种充满能量的感觉和满满的成就感。心流状态是最高效率和获得职场效益的工作状态。

年少时期，其实每个人都有关于自我的一些感觉，热爱艺术的人在学校时一定会对各种文艺汇演活动兴致勃勃，未来想从商的人内心一定对一些企业家崇拜不已，喜欢科研学术的人一定是热爱学习的人，而想从政的人一定有着治国安邦的政治理想，想从军的人一定对那身军装倾慕不已，渴望有一天自己能穿上它保家卫国。平时可以多关注下自己感兴趣的事情，自己喜欢把时间花在哪里，看自己感兴趣的事情中哪些能为自己产生有益的价值。比如运动、读书、画画、旅游等活动，长期坚持下去都能为自己带来丰厚的回报，这个回报不一定是金钱方面，也可以是精神层面的提升。在没有找到目标之前，对于自己感兴趣的事情可以长期坚持下去，培养自己的兴趣，或许在未来的某一天兴趣就变成了自己的特长和事业。找到自己的爱好这个能量之源，使自己经常处在心流状态，是寻找人生目标、实现职场效益最大化的第一步。

第二步是发现天赋。

自己的特长是什么，自己做什么事比别人做得又快又好。不断向内探索，与自我对话。成年人的生活被环境影响着，有时不得不戴着面具生活，所以要回到你的童年时代，找到小时候的自己，那是你最本真的模样，在最真实的自己面前去寻找答案。回想小时候的你，做什么比别人做得又快又好还不费力，那一定就是你的特长和天赋所在。比如笔者的天赋就是口头表达能力强、思维敏捷、逻辑严谨。

如果你发现小时候自己的数学成绩总是比别人好，其实这代表你有着较强的逻辑思维能力，且这种能力比他人都强，未来理工科的专业和工作会更适合你；如果小时候你的作文总是被老师表扬，说明你的写作能力和语言表达能力比他人要强，未来报考文科专业会更适合你，且学习起来也会更轻松。而且你会发现这些你比别人做得又快又好的领域都是天生的，也就是你的父母遗传给你的能力，存在自己的基因里，这个就是你的天赋所在。

随着心理学和行为学研究的深入，现在开发了很多发现自身天赋的科学理论和工具，比如葛吉夫的九型人格、行为特质动态衡量系统、瑞士心理学家卡尔·荣格的DISC等。比较典型的行为特质动态衡量系统把人的行为特质分成四类：主动做事的老虎型、主动为人的孔雀型、被动做事的猫头鹰型和被动为人的考拉型，每一种类型的人都有着鲜明的特征。

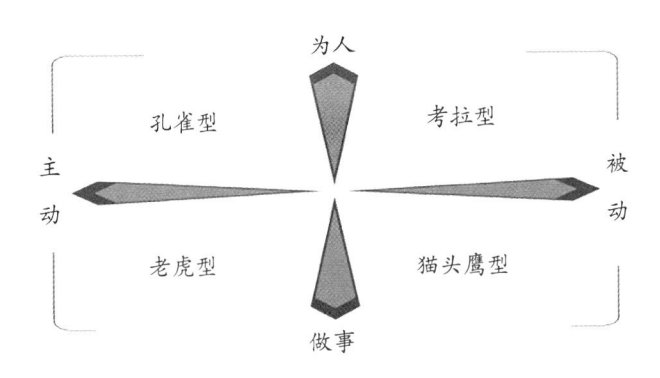

行为特质动态系统

天赋和行为特质汇总表

特征 \ 类型	猫头鹰型	老虎型	考拉型	孔雀型
注重	准确、稳妥、过程	控制、竞争、结果	理解、合作、被接受	作秀、受欢迎、被称赞
长处	计划、系统、全盘考虑	领导、管理、开拓	善倾听、协作、善始善终	热情、愉悦、感染力强
弱点	过于注重细节、挑剔、应变力不强	不善倾听、无耐心、不重感情	过于敏感、不果断、无大志	不拘小节、专注力差、不善执行
不喜欢	无条理、无规矩	无效率、优柔寡断	不重感情、遇事急躁	循规蹈矩、繁文缛节

续表

特征 \ 类型	猫头鹰型	老虎型	考拉型	孔雀型
对待压力	退缩、不服管	挑战、不服输	屈从、犹豫不决	玩世不恭、敷衍了事
决策时	反复审议	果断	与别人协商	凭感觉
害怕	被别人挑剔	被利用	突然变故	不讨人喜欢
获得安稳感的手段	准备充分	控制别人或局面	友情	娱乐
衡量个人价值的方法	精确度	成效性、影响度	合群度、贡献度	认可度、受欢迎程度

每个人都有自己的天赋，而我们在确定人生目标的时候，一定要与自己的天赋相结合，顺应自己的天性，做自己擅长的事情，这样才会更容易实现职场效益最大化。

第三步是自我分析。

一旦确定了自己的爱好和天赋之后，人的内心其实对自己未来的发展方向就有初步的判断了。在报考大学、选择专业时，可根据自己的爱好和天赋判定自己适合选文科还是理工科，或是艺术专业。在众多的专业中再选择自己喜欢和感兴趣的，进行更细致的划分和选择。在选择工作的时候，同样也是根据自己的爱好和天赋判定自己适合从事什么类型的工作，既能发挥自己天赋，又是自己爱好的工作就是高效益人生的捷径和阶梯。比如笔者对自己的分析就是：猫头鹰型+孔雀型的天赋，适合从事技术型工作。每一次做选择时都要相信并尊重自己内心的第一感受，那往往就是你最原始的欲望、内心最真实的反应。

第四步是树立目标，也就是终极目标。

第一种方法，找到3—5位这个领域的领袖人物或者你最欣赏和崇拜的人，也就是你的榜样，从他们的人格素养、个人成就等多方面去分析他们，比如探究自己为什么会崇拜他们？他们吸引你的究竟是什么特质？并在众多的榜样中找出和你最相似的人以及你最想成为的人，树立你的人生标杆。找出这些标杆的共同特点，作为你人生的目标。笔者的终极目标就是做一位对生命有着丰富深刻体验，觉察和领悟的导师。

第二种方法，找十几位身边最熟悉你的亲人、朋友、同学、同事等，请他们用3个最符合你特质的词语来形容一下你，听到他们的评价，你不需要解释和辩解，忠实地收集下来，从重复次数最多的评价词语和你当时感觉特别走心的词语里面，筛选出3个，那就是你人生孜孜以求的目标。

第三种方法，给自己写墓志铭。扪心自问，百年之后，您希望后人在您的墓碑上刻上什么样的评价呢？比如爱因斯坦的墓碑上刻的是"在美的前沿揭示了一个崭新的世界"，牛顿的墓碑上刻的是"死去了的人们应当庆贺自己，因为人类产生了这样伟大的装饰品。这儿安睡着艾萨克·牛顿爵士。他以超乎常人的智力，用他所发明的数学方式，第一次证明了行星的运动和图像、彗星的轨道和大海的潮汐；他研究了各种不同的光线，以及由此所产生的颜色的性质，而这些都是别人连想都没想到的；对于自然、历史和圣经，他是一个勤奋、敏锐而忠实的诠释者。他用他的哲学证明了上帝的威严；他度过了新教徒式的简朴的一生。所有活着的人都为有他这样一位伟人而感到幸福"。富兰克林是美国独立战争时重要的领导人之一，参与了美国独立宣言和宪法的草拟，他的墓碑上刻着："他的工作不会消失，就像他所期待、所相信的那样，再次出现，以新的更完美的版本、更正和修订。"您希望后人在您的墓碑上刻上的评价就是您终生追求的目标。

第五步是人生规划，也就是阶段目标。

树立目标以后，把目标分解到不同的生命阶段，设定合理的衡量指标和

里程碑计划，然后分析当下的你与目标之间存在的差距，分析当下的自己应该做什么才能缩短差距，如何做才能和标杆一样优秀，借助标杆的力量带领自己快速成长、行动、努力、持续成长，直到实现自己的终极目标。笔者的阶段目标就是在2023年出版一本关于提升职场效益的书。

按照以上五步法来走，相信在时间的助力下，每个人都可以找到自己的人生目标。确定人生目标的那一刻，一定是你的人生崛起之时。如果你已经为人父、为人母，也可以按照这五个步骤在孩子成长的不同阶段加以引导，在孩子小时候培养其兴趣爱好并发现其天赋，根据孩子的爱好和天赋指导其选择专业、工作。父母若能采用这种正确的方式培养孩子，远比给孩子多报几个兴趣班益处大多了，正确的引导会帮助孩子早日实现人生目标。开窍早的人早早就明白了这些道理，而有些人要经历一些生活中的波折才能明白，但无论早晚，明白就好。

上述五个步骤是用来确定人生终极目标的步骤和方法，至于设立不同人生阶段的短期目标，有一种办法叫作"平衡轮"。笔者在二十余年的企业咨询过程中，和上万名学员讨论过一个话题：假设给你一段时间，完全不受外界条件约束（领导不打扰、家人不打扰、朋友不打扰、资金足够……），你最想做的一件事是什么？收集到的答案包括但不限于睡觉、发呆、健身、打游戏、追剧、旅游、爬山、徒步、聚会、聚餐、唱歌、打篮球、看书、学习、陪家人、挣钱、上班（比例极少，但总还是有的）……林林总总，不一而足。当我们放下所有的外界羁绊，第一个浮现在我们脑海里要做的事情，其实就是我们潜意识里已经思念了很久的目标。这个问题就是引导人们探索自己的目标。开眼看到如此多的个人目标以后，我们再动心思考一下，这些目标总共可以分为七大类，分别是：健康类（睡觉、发呆、健身……）、爱好类（打游戏、追剧、旅游、爬山、徒步、打篮球……）、学识类（看书、学习……）、家庭类（陪家人、陪孩子、探望父母……）、财

富类（挣钱……）、事业类（上班、研究……）、社交类（聚会、聚餐、唱歌……）。我们把这七类画在一个圆圈里，笔者称其为"效益平衡轮"。如下图：

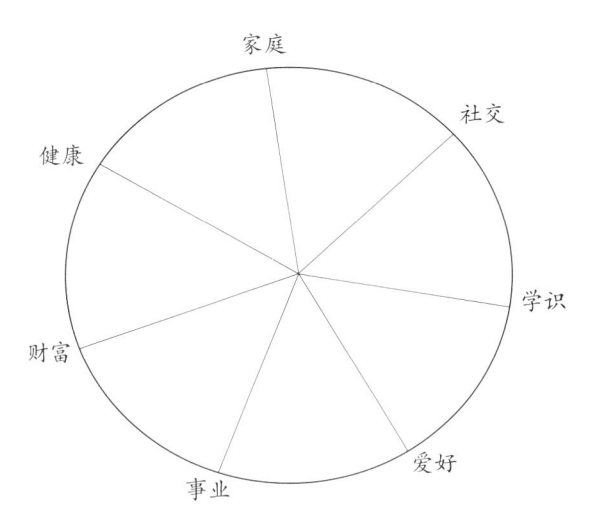

效益平衡轮

书读至此，您不妨针对您当下的效益状态进行一次检验和诊断。就在前面这个效益平衡轮里面，圆心为0分，圆周为10分，每个半径轴都等分成10份，就像个尺子一样。您可以用这把尺子逐一对每一类的目标进行一个满意度测量，举例说明：爱好类，笔者的爱好是徒步和拍摄自然风景，但一直忙于讲课，很少有时间去徒步和摄影了，因此内心对这一项不太满意，打3分；事业类，笔者的事业是商业讲师，也是我的爱好和天赋，对这一项工作很满意，打9分；家庭类，我很满意，打8分；财富类，还算满意，打8分（注意打分纯粹是个人主观感觉，不存在客观标准）；健康类，长期处于亚健康状态，自感精力体力不足，不满意，打4分；社交类，很多好朋友好同学长时间没有见面了，甚是想念而不得见，不满意，打3分；学识类，工作原因，走南闯北，各行各业，见多识广，很满意，打8分。逐一打完分数之后，把相邻的

分数连起来，形成一个闭环。如下图：

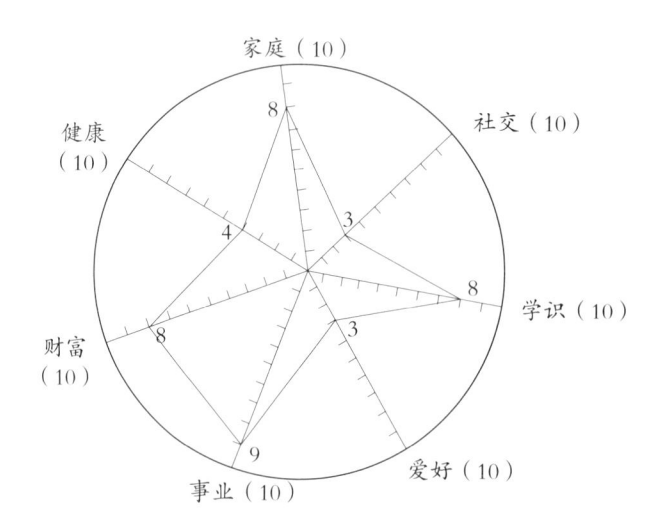

效益平衡轮

如果用一个词来形容一下上述各个分数围成的闭环，相信"不圆"是最恰当的了。那下面这张图呢？

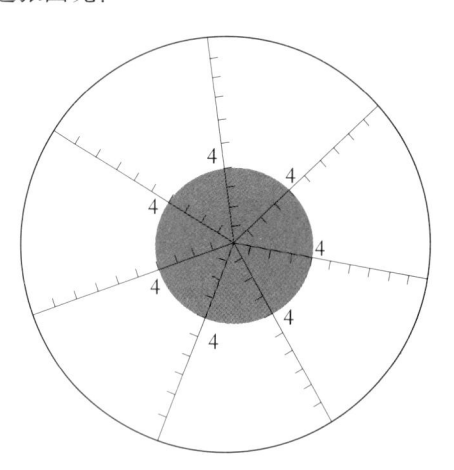

效益平衡轮

这张图中每一项的分数都很低，同时比较平均，我们称为小圆或者"不满"。这两张图像的描述里面出现了很关键的两个词"圆"和"满"，这个效益平衡轮就是中国文化里面人生最大的追求——圆满！在管理学领域这个圆圈通常被称为"平衡轮"，用途很广。笔者把它借用在职场效益的研究上，故称为"效益平衡轮"。

　　如果效益平衡轮里面，出现了如笔者那样不圆的情况，那我们下一阶段该怎么办才能让自己圆满起来呢？

　　有人说：把低分拉高，花时间去健身、拍照呗。可问题是一旦占用工作时间，那就没有收入来源了，可能本来还挺满意的那几项就变得不满意了呀，这个方法不合适。

　　有人说：把高分降低，那岂不是把喜欢的工作辞了，把家庭拆了，把钱捐了……这是害人，这个方法更不合适。

　　有人说：那就把每一栏的内涵改了，比如爱好就不要喜欢摄影嘛，喜欢点别的好啦。可是真正的爱好就是认准了不改的，改来改去的那就不是爱好，这个方法也不合适。

　　你看，人生就是这么左右为难，怎么办？

　　答案就隐藏在高分项目的效率里面。

　　既然我们对某些维度的效益已经满意，那说明高分数的那些维度本质上已经属于我们的竞争优势。我们可以想办法发挥这些优势，提高在这些维度上的效率。在暂时保持优势维度的满意度效果不变的情况下，就可以挤出时间来了。把挤出来的时间用来做与分数低的那些维度有关的事情，就可以把低分的维度拉高，人生也就圆满起来了。

　　就以上面那个不圆的案例来看，既然家庭、财富、事业、学识已经很满意了，我们不妨就按照上述指导原则，发挥学识的优势，提升事业上的工作效率，挤出时间来做些爱好、社交和健康方面的事情。这样的策略指导下，

安排明年的工作计划并执行下去，第二年的效益平衡轮就会圆了很多，变成如下图形：

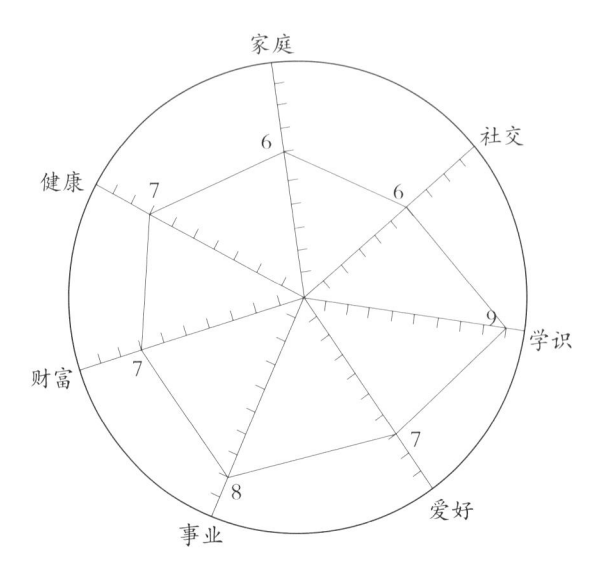

效益平衡轮

假如您的效益平衡轮里面身体健康状况非常好，那就发挥身体健康的优势，挤出健身时间来多读书或者做"斜杠青年"（身兼多职的人）……绝不能继续沉迷在健身里面。

假如您的效益平衡轮里面善于交友，那就发挥善于交友的优势，多结交一些对您人生成功非常有价值的贵人，想学习就去结交一些技术大咖，想提升自己就去结交有智慧、有见识的人……绝不能继续将时间浪费在一些酒肉朋友身上。

假如您的效益平衡轮里面您已经财富自由，那就发挥财富的优势，爱好什么就去做什么，多挤点时间陪陪家人……绝不能只在财富的路上继续狂奔。

总结：效益不圆，发挥优势，提升效率。

在效益平衡轮里面，如果出现了不满的情况，那我们下一阶段又该怎么办才能让自己圆满起来呢？

答案就是抓重点，不同的人生阶段有不同的目标，要明确当前阶段最重要的目标是什么，然后集中力量办大事，实现自己的这个目标。绝对不能贪大求全，在短时间内什么都要就意味着什么都要不到！

儿童阶段0—7岁，重点是兴趣爱好。身为父母，一定不要按照自己的喜好而压制孩子的玩乐，正相反，应该尽可能多些时间带着孩子体验各种玩乐项目，比如画画、音乐、体育、读书、游戏……孩子在玩的时候，家长要认真观察孩子对玩什么项目最感兴趣，哭着喊着都要玩，废寝忘食都要玩，那个项目就是孩子的兴趣爱好了。绝大多数人在儿童阶段至终其一生的爱好往往是不多的，也就是一两种而已。家长一旦确定了孩子的爱好，就要调动各种资源，全力支持孩子做他喜欢的这件事情。比如中国的台球名人丁俊晖，在他小时候父母宁可卖掉房子也支持他打台球，再比如NBA的球星科比、姚明，大画家达·芬奇童年画蛋、孔子少年俎豆礼容等，无数成功人士的成长经历都证明了这一点。

俎豆礼容图

明版彩绘绢本《圣迹图》的第五幅《俎豆礼容》,讲述的是孔子年少时的故事。年少时的孔子不仅孝顺勤劳,还十分聪明好学,对于礼乐文化也十分感兴趣。《史记·孔子世家》记载:"(孔子)为儿嬉戏,常陈俎豆,设礼容。"《俎豆礼容》描绘的就是孔子进行这种娱乐的场景。从画面上可以看到数名儿童,中间穿着礼服的就是孔子,他立于俎豆之前,神态愉悦。旁边有一小儿正为孔子整理衣冠,其余的儿童围绕于孔子周围,除了一个比较顽皮的孩子,其余几名孩童正向孔子作揖,还有两只仙鹤伫立在一旁。画面左上角有赞文曰:"史记孔子生而叔梁纥死,孔子为儿嬉戏,常陈俎豆礼容。赞曰:'圣父嬉戏,俎豆是持。登降俯仰,有容有仪。不学而能,不闻而识。化洽群童,名传列国。'"

7—13岁少年期的重点是习惯。在这个阶段,家长要善于借助孩子的爱好作为"刺激"手段,引导孩子养成良好的习惯(包括学习的习惯、健身的习惯、玩乐的习惯、计划和复盘的习惯等)。在这个陪伴的过程中,家长要让孩子体会到家长对他的支持和理解,而不是逼迫和压制,这样就有助于和孩子建立良好的信任关系。家长如果不能了解孩子的爱好,就不能很好地引导孩子。过度采用强压或者说教的方式,通常引导效果不好甚至事与愿违,加重孩子的逆反表现。

13—18岁青年期的重点是心态。在这个阶段,家长要善于运用前期和孩子建立的良好信任关系,引导孩子建立良好的三大心态(自我管理、积极改变、控制反应),避免五大不良心态(忙忙碌碌、没有规划、不肯改变、完美主义、依赖他人),逐渐培养孩子自立自主的人格特质和思维习惯。良好的心态、冷静理性的思维习惯和积极主动的行为风格是成功人士必须具备的基本素养。

书读至此,恐怕很多读者,尤其是为人父母的读者就很好奇了,怎么不提孩子的学习呢?!难道这个阶段最重要的不是应该抓孩子的学习成绩

吗？不是的！这个阶段还真不能过度抓学习！有一个社会规律叫"前十名现象"，说的是在中学阶段学习特别出挑，学习成绩一直稳定在前十名的孩子，将来在社会上取得的效益通常都不怎么好，反而将来出类拔萃的绝大多数是排名在10—20名的孩子。曾有一个统计，恢复高考以来，追踪3000多名考入大学的高考状元，后来进入社会几乎没有能够成为社会顶尖人士的，包括那些考入北大、清华，以及哈佛等藤校的大学生！为什么会出现跟绝大多数家长感觉不一样的现象呢？究其原因是家长甚至目前很多老师都把学识简单异化成学习成绩了！学识的内涵包括情商、逆商、社商、人际交往能力、学习能力等综合素养，这种综合素养才是未来在社会上成功立足的关键因素，绝不是单纯的学习成绩。过早过多地追求孩子的成绩和排名，只能逼迫孩子牺牲其他方面的时间用在学习上。学习成绩也许能够暂时提升上去，牺牲的却是其他方面尤其是习惯和心态的培养，俗话就是成了"书呆子"。这种人走向社会独立生活的时候，会表现出极大的不适应从而变得"泯然众人"矣！作为家长的读者，不可不认真反思这种现象。可能有些家长又提出了疑问：不抓学习，孩子怎么考大学呢？！放心，只要孩子能够明白自己的目标，能够通过爱好时时充电，养成良好的生活习惯、建立良好心态，肯定学习不会很差的，考上大学那肯定是手拿把攥的。反过来，考不上大学的孩子，表面现象是学习成绩不好，深层次的原因也许是目标、爱好、习惯、心态这些方面出了问题！

20—30岁阶段的重点是社交和学识。大学阶段，努力学习，争取考上研究生。参加工作后，借助平台，把握机会，锻炼自己的情商、逆商、社商、人际交往能力、学习能力等职场需要的综合素养。

30—40岁的重点是事业和收入。所谓"三十而立"，在这个阶段，充分发挥前一个阶段形成的综合素养能力和建立起来的人际关系网，要么借助现在的平台，要么独立创业，把能力作为立志、立身、立言的坚实基础。这个

阶段，有了前十年的磨炼和积淀，已经具备了成熟的思维模式，独立纵深的思考能力，可通过不停思考、探索、成长，为事业发展助力。

40—50岁的重点是人生价值和爱好。所谓"四十不惑"，一个人到了40岁，经历了许多人和事，已经有自己成熟的判断力，看问题不被表象迷惑，能够明白事物的本质与道理，能够了解自己的优点与缺点，这个阶段处理事情往往游刃有余，除了事业，还要通过自己的努力，在劳动和奉献中创造社会价值。之后，趁着身体尚且健康，可以做自己喜欢的事情，快乐地享受生活。

50—60岁的重点是健康。所谓"五十知命"，一个人到50岁之后，知道了理想实现之艰难，故而做事情不再一味追求结果。50岁之前，全力以赴希望有所成就，而50岁之后，虽然仍是"发愤忘食""乐以忘忧"，但对个人荣辱已经淡然。50岁时，无论是身体激素水平的急剧变化还是退休引起的生活节奏的变化，都会导致严重的健康隐患。在这个阶段要控制反应，不受外界环境所左右，保持积极的心态，同时及时关注身体健康。

60—70岁的重点是健康和家庭。所谓"六十耳顺"，一个人到了60岁的时候，听得进去所有的声音，包括逆耳忠言和顺耳赞美。这个阶段应收心、回归家庭。"儿孙自有儿孙福，莫与儿孙作马牛。"以前听不得的话听得，以前忍不住的事情忍得，全力照顾好自己和自己的老伴，别人"谤我、欺我、辱我、笑我、轻我、贱我、恶我、骗我"，只需"忍他、让他、由他、避他、耐他、敬他、不要理他、再待几年，你且看他"，无论遇到什么坎坷挫折，内心依然平静，慢慢达到"宠辱不惊，看庭前花开花落；去留无意，望天上云卷云舒"的境界。在这个阶段要控制反应，不被外界环境所左右，保持积极的心态，同时及时关注身体健康和家庭和谐。

70岁以后的重点是精神世界。所谓"七十从心所欲，不逾矩"，一个人到了70岁这个阶段，主观意识和做人的规则融为一体，道德修养达到了最高

的境界，万事万物都看通透了，知道什么事该做，什么事不该做；什么话该说，什么话不该说。做什么都能听从本心，但又不会超越人世间的规矩。这个阶段可以培养一个固定的精神信仰，明了生老病死是自然规律，坦然面对即将到来的死亡。

乔布斯说："我们的生命是有限的，我们不应该把有限的生命浪费在别人的评价之下，我们应当追随自己的内心。一个人最大的成功，就是忠于自己的内心，以自己喜欢的方式度过一生。"按照上述方式规划好每个阶段的人生目标，并在这个阶段全力以赴去实现，然后在下一个阶段及时修正目标，这样动态调整和奋斗，每个人都可以收获一个丰盈圆满的人生！

总结：效益不满，区分阶段，把握重点。

书读至此，建议您暂时小结一下，根据前面讲的步骤和方法完成下面"人生规划表"，将有助于完成您自己的人生规划。

范例：

人生规划表

兴趣爱好	摄影、徒步
天赋潜能	口头表达能力强、思维敏捷、逻辑严谨
自我分析	猫头鹰型+孔雀型的天赋，适合从事技术型工作、技术性内容的教师
标杆特质	责任、敬业、专业
终极目标	做一位对生命有着丰富深刻体验、觉察和领悟的导师
阶段目标	2023年出版一本关于提升职场效益的书

人生规划表

兴趣爱好	
天赋潜能	
自我分析	
标杆特质	
终极目标	
阶段目标	

人生规划精要

人生规划五步骤
  发现爱好
  发现天赋
  自我分析
  树立目标
  人生规划

四种行为特质与天赋

不同人生阶段的重点

"人生规划表"

效益平衡轮与圆满

效益平衡轮的两个原则

效益不圆，发挥优势，提升效率！

效益不满，区分阶段，把握重点！

第九章　效益平衡轮管理实践

　　效益平衡轮对现代企业管理尤其是绩效管理有非常重大的实践价值，甚至是颠覆式创新意义。

　　目前绝大多数企业管理中的绩效管理体系，并不是运用效益平衡轮来制定目标的，而是采用OKR或者KPI体系。这两种目标制订体系无一例外都只关心企业效益，不涉及员工个人的职场效益。即便提到了员工成长，也是为了确保企业效益而要求员工必须成长的内容，并不是站在确保员工个人职场效益的角度提出的成长要求。因此，虽然企业标榜构建"以人为本"的幸福企业，但是这种效益体系的目标设立和绩效考核过程中，却从根本上决定了管理者只关心组织目标的达成情况，并不关心员工个人职场效益的实现与否。员工始终感觉不到企业对个人职场效益实现与否的关怀和尊重，始终存在一种自己就是"工具人"的感觉，而管理者也常常抱怨员工没有积极性，没有责任感，没有以厂为家的主人翁精神。

　　如果把效益平衡轮引进现存的OKR和KPI目标体系，并与之有机整合会怎么样呢？

　　下面我们从个人使用和管理者使用两个角度来分别阐述这种整合的运作

机制和效果。

首先，谈谈个人使用效益平衡轮。

每年在领导给自己做绩效考核之前一周，笔者会自己先用效益平衡轮评估一下自己的职场效益，比如去年我的职场效益平衡轮如下图：

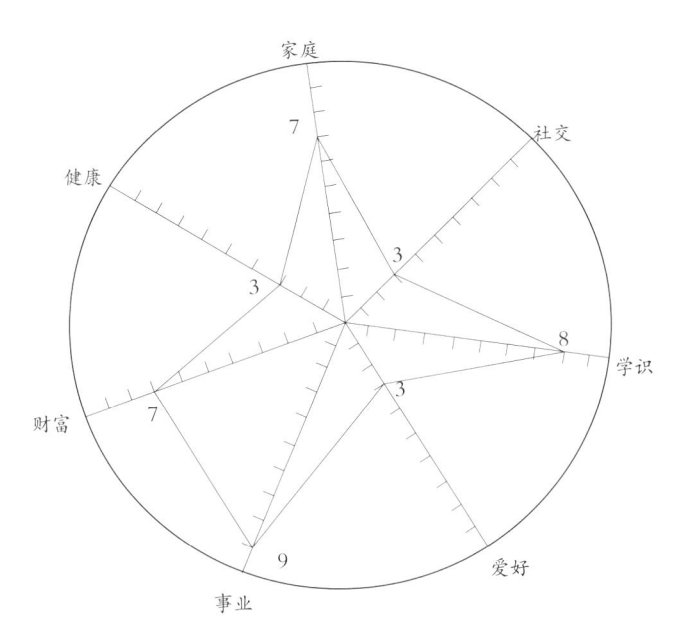

效益平衡轮

笔者的上一年效益平衡轮是一种典型的"不圆"现象，是通过讲课150天的工作量才获得的效益，按照前面论述的效益平衡轮的原则：效益不圆，发挥优势，提升效率。我提前跟外面同行了解了跟自身水平相匹配的市场价值（人要动态地了解自己在整个市场上的价值，而不仅仅是在本企业内部的价值，这一点非常重要），决定把今年单天课酬提升10%，这样就相当于挤出来了15天时间。我把这挤出来的15天安排在新一年的工作计划里面，5天用来去大学母校参加同学会，并约几个大学同学带着相机去峨眉山徒步；5天用来回山东老家，约几个好朋友一起带着相机爬泰山；5天用来去西安见发小和大学

同学，带着相机一起爬华山。做好这样的目标设定和计划准备以后，我带着我的效益平衡轮以及今年工作计划去参加领导的绩效评估面谈。

在领导按照正常的OKR或者KPI完成对我工作绩效的评估以后，我会向领导展示我个人的效益平衡轮，并真诚地向领导说："领导，在您今天对我进行绩效评估之前，我自己也对我过去一年的职场效益进行了一次自我评估，我想跟您汇报一下我的自我评估情况以及我今年个人的工作计划。（展示自己的效益平衡轮）从我的效益平衡轮的打分来看，我对我的家庭很满意，在此我代表我的家人向您表示感谢；我对我的学识很满意，感谢您提供了很多让我开阔眼界、提升能力的机会；我对工作职务也很满意，希望今年继续做商业讲师；我对我上一年的总体收入状况也还算满意，在此感谢您上一年对我的支持和帮助。不过针对上一年的效益情况，我也有几项不太满意的点：第一点就是我的健康状况，我上次体检查出脂肪肝、甲状腺结节等小毛病，平时也经常感觉体力、精力不足，处于亚健康状态，医生说应该与课量超过我的体力极限，缺乏休息调养有关；第二点就是我的个人爱好，我的个人爱好是徒步和摄影，上一年我忙于讲课，已经很久没有去徒步和摄影了，我内心也隐隐感觉缺失了个人生活；第三点就是我的社交，去年很长时间没有和同学以及好友聚一聚，加深一下彼此感情了，这样下去我很担心自己的朋友圈越来越小。针对上一年我的效益平衡轮的情况，我的工作生活已经严重不平衡了，我相信您也知道这是一种不圆满的职场生活状态。为了能够让我有个圆满的职场和生活，在跟您绩效面谈之前，我做了一下我这个职位的市场薪酬状况的调研，以我这么多年的工作经验和市场影响力，我觉得课酬在去年课酬基础上提升10%是完全合情合理的。当然我不会因为我个人原因损害公司利益，所以我也核算过，站在您的角度来看，增加的这一点课酬成本，是完全可以通过提升客户端的报价或者其他方式节省出来的。在此课酬基础上我制订了一份我今年的效益平衡计划（展示工作计划和日历，讲清楚15天的

自由安排时间）。我相信领导您肯定也希望您的下属拥有一个圆满的人生。希望领导您能满足我这小小的个人要求，这样明年咱们继续深入合作，在不伤害公司利益的前提下，咱们彼此都拥有一个圆满的人生。"

领导非常仔细地审阅了我的工作计划和日历，点了点头："你小子很有主见嘛！其实在与你面谈之前，我也让人力资源部做过市场薪酬调研，你这10%的课酬涨幅要求倒也不算太过分，我可以答应你。不过你也要答应我，继续踏踏实实讲课，不能对我们公司三心二意！"

我乐了："领导，您放心，我上哪里再找您这么成全员工、通情达理的领导？我是打也打不走的！"

以上例子是自我评估效益平衡轮"不圆"的情况，如果遇到自我评估效益平衡轮"不满"的情况，就按照效益平衡轮不满的原则：效益不满，区分阶段，把握重点。根据自己当前所处阶段，确定当下的人生重点目标是什么，然后把该目标分解到当前的工作职责和任务中，形成今年的工作计划。同样跟上述案例类似，本着既要实现自己的职场效益，又不能伤害公司利益的原则，和领导进行坦诚的沟通，争取达成共识。

这才是真正把自己的职场效益掌握在自己手里，而不是任由别人摆布的高职场效益工作模式。

自我掌控职场效益，整个世界都是我实现人生效益的平台。

其次，谈谈管理者在管理他人过程中使用效益平衡轮。

我在其他公司任职管理者的时候，每当在绩效面谈的前一周，我会召集所有的下属开一个效益平衡轮的培训会，目的是让所有下属学习如何画自己的个人效益平衡轮，以及如何运用平衡轮的两个指导原则制定自己的目标。等下属掌握了效益平衡轮的相关知识，并按照实际完成自己的新一年个人目

标和工作计划后，我会要求每个下属带着自己的效益平衡轮和我进行绩效评估面谈。正式开始绩效考核的时候，我会在做完KPI的绩效评估以后，专门拿出一个小时左右的时间来和下属探讨他的个人职场效益。

还是以上面"不圆"的效益平衡轮为例，假如下属自我评估的效益平衡轮是我上面那个不圆的图形，我通常会说："首先非常感谢你去年一年为公司的辛苦工作和付出，我作为你的上级领导，除了要保证公司的效益，更有责任确保你个人也收获一个圆满的职场效益和人生。从你的自我评估来看，你对家庭是满意的，也就是说你有一个幸福的家庭和稳定的大后方，恭喜；你对于学识也还算满意，看来你在咱们公司还是学到了很多东西，能力有所提升了，这一点我完全赞同，我也确实看到了你的成长；对于工作这一项你也是满意的，也就是说你并没有调换工作岗位的想法，这一点我完全了解到了，明年我会让你继续从事目前这份工作，没有特殊情况不给你调岗；财富收入这一项你比较满意，看来咱们公司给你的这份薪酬也能基本符合你的预期，以上是我看到你比较满意的项目。同时我也注意到你在健康、社交和爱好这三个方面不太满意，那我想跟你详细了解一下背后的原因以及你的想法和建议。为了让你拥有一个圆满的职场效益，我特别希望通过这次绩效面谈与你一起制订一份既符合公司效益、也符合你个人效益的工作计划。你对健康不满意是为什么呢？身体有什么问题了吗？"

下属说："没什么大问题，就是体检时发现有个别指标超了，医生说我长期劳累导致了亚健康状态，建议我适当减少工作量，多休息调养一下。"

我说："哦，是这么回事，你的意思是身体状况没有大问题，暂时不至于影响工作，是吗？"

"是的，领导。"

"身体健康是很重要的，坦率来说，我也不希望你总是加班，以牺牲健康为代价工作。我更希望的是咱们所有人都健健康康、快快乐乐地工作。我了解你的身体状况了，制订新一年的工作计划时，我会考虑这一点的。"

我又说："那社交方面为什么不满意呢？是不是觉得在咱们公司大家对你关怀不够呀？"下属说："领导，您误会了，您和同事们对我都挺好的。我之所以给社交这一栏打分比较低，是因为我很想多花些时间陪陪我的好朋友，去年一年我几乎没有时间陪他们，我的几个同学和发小都闹着要跟我断绝关系了，虽然我知道他们是开玩笑，但我也确实担心呢。"

我说："哦，看来你确实需要花时间强化一下社交关系了。放心，制订新一年的工作计划时，我也会考虑到你社交需求这一点的。那你的爱好是什么？为什么也不满意呢？"

下属说："我的爱好是徒步和摄影，这不是很久没时间去爬山拍照了嘛。"

我说："好的，我基本了解你的情况了，谢谢你这么坦诚地告诉我你的真实情况和想法。那你看这样好不好，从你去年一年的工作中，我也看到了你能力的成长和业绩优良表现，HR部门今年应该会有一个薪资的上调，大概在5%。现在咱们有两个选择：一是保持今年同等工作量的情况下，你的收入会增加5%，但仍然没有时间解决你那三项不满意的问题；二是维持总收入基本不变，那就相当于挤出5%的工作时间来了，我建议你把挤出来的时间用在不满意的三个项目上，比如你可以安排几天陪陪好朋友，安排几天去爬山摄影，安排几天去健身，这样你明年就有一个圆满的职场效益了呀！我是真心希望我所有的下属都有一个幸福圆满的人生体验的。你觉得呢？"

下属："还是领导您设身处地替我考虑得周全，我听从您的建议。"

"那就好，把日历拿过来，咱们一起制订新一年的工作计划，你想哪几天去陪同学呢？"

多么愉快的一次绩效面谈！

提供一个平台，让每个下属都在管理者的支持下成就圆满的人生，这才是适应新人类的管理思想和模式！也是每个管理者必须转变的思维和心智模式！

效益平衡轮管理实践精要

员工：

自我掌控职场效益，整个世界都是我实现人生价值的平台！

管理者：

提供一个平台，让每个下属都在管理者的支持下成就圆满的人生，是每个管理者必须转变的思维和心智模式！

第十章　双赢

明确了自己的人生目标，找到了人生的价值和意义，只是明确了道路的终点和方向。道阻且长，在脚踏实地一步步去实现自己人生目标的路途中，我们难免会经历各种与外部世界的冲突和矛盾，尤其是自己的目标和别人的目标产生的冲突。如何化解这种冲突是每一个成功人士必须面对的人生课题和必备技能。

笔者大学毕业后的第一家工作单位是摩托罗拉，公司有很棒的"以人为本"的企业管理文化。在我入职的第一周，经理就把我叫到了办公室。

经理："这次会谈我是想跟你谈一谈职业规划的事情，要知道我们公司是非常尊重员工的个人需求，并希望每个员工都能在我们公司获得成功的。因此，你能告诉我你的人生目标是什么吗？"

我当时大学刚刚毕业，职场经验几乎为零，不假思索地回答道："经理，您想听真话还是假话呢？"

经理愣了一下，说："我当然想听真话，我希望这次谈话咱们两个人能够坦诚交流，你问我的问题我会实话实说，我问你的问题希望你也知无不言。"

我说："哦，既然您想听真话，那我就实话实说。我的个人目标是当公司老板！"

暂悬一下，如果读者您是我领导的话，听到您下属的目标是取代您，您会如何应对呢？我在长期的咨询过程中，向学员们抛出这个问题，看到了以下几种回答。

第一种：真诚夸奖和鼓励员工，甚至承诺会全力支持员工当老板（取代自己位置）。

第二种：心里看不起员工，觉得年轻人好高骛远，不屑一顾甚至寻机打压，伺机开除下属。

第三种：表面应付过去，同时内心感到后生可畏，激励自己发奋图强。

……

经理稍显意外的表情一闪而逝，很快平静地说："哦，你想当公司老板呀？！不想当将军的士兵不是个好士兵，你能有当老板的人生目标是非常棒的！但也就是说我们公司不可能永远雇佣你。不过既然咱们现在还在共事，那就一起谈谈我能帮你做些什么，以帮助你实现你的梦想呢？"

听了经理的话，我一下子愣住了。我此前一直觉得这个世界上除了我的父母之外，没有第三个人会想尽办法让我成功的，因为类似的话我只在我母亲嘴里可以听到。每当我放学回家，母亲总是问我："儿子，你想吃啥呀？娘给你做什么你觉得好吃呀……"经理竟然问能帮我做些什么以实现我的梦想？！经理说的话跟我母亲说的话简直一模一样！于是，我的态度马上老实下来，真诚地说："领导，非常感谢您的鼓励和认可，但我还很年轻，现在只是有些做老板的想法而已，还很不成熟。您觉得我该怎么做才能当上公司老板呢？您肯定有些成功的经验可以供我借鉴的，我想先跟您学起。"

经理说："既然你想当公司老板，那肯定要组建和带领一个属于你的团队。没有属于自己的团队，怎么能称为老板呢？你说是吧？"

"那肯定是的，领导。"

"既然要组建和带领自己的团队，那你的沟通能力必须很强才行。不然的话，你说句话把人气跑了或者别人说话你不知道啥意思，那人家还怎么愿意跟你这个老板共事呢？你说是吧？"

"是的，领导。"

"既然这样，今年公司会有一个关于提升沟通技能的培训，我就安排你去参加。你认真学习这门沟通课程，并在咱们公司这个平台上跟上下级以及同事好好练习和运用你所学的沟通技能，逐渐养成良好的沟通习惯，这有助于你将来当老板哟，你说是不是？"

"当然是的，那我就太感谢领导了。您放心，我一定好好学习那门沟通课程并在咱们公司学以致用！"

"太好啦！那咱们就做好分工，我的任务是安排你参加沟通培训，你的任务是确保准时参训、认真学习，并在公司的实际工作中学以致用。"

"好的，领导，感谢您提供这么好的培训机会给我。我肯定会认真学习的，因为那是为我自己学的呢！"

整个职业规划的谈话，当然还有很多其他内容，本文意不在于讲解职业规划，因此就不再赘述了，相信咱们已经开眼，"窥一斑可知全豹"了。

等到公司要开展沟通培训课程的时候，经理打了一个电话给我："我记得咱们讨论职业规划的时候，你说你的个人目标就是做公司老板。你现在的目标还是想当公司老板吗？"

"我目标没变，我仍然想当老板。"

"太棒啦！一个人要想成功就是应该坚持目标的。既然你还想当公司老板，那现在你的机会来了。公司要举办沟通技能提升培训了，你把手头工作交接给别人，准时去参加培训吧。别忘了在咱们公司实际工作中学以致用，练好沟通能力将来才能当老板的哟！"

"谢谢领导，我知道了，我肯定会认真学、好好用的！"

随后，在沟通技能提升培训的课堂上，有一个上下级沟通的角色扮演环节，培训老师点名让我扮演下属，上台模拟跟领导的一次沟通场景。模拟结束的点评环节，培训老师说："在上下级沟通中，作为下属尤其要时刻注意自己的本分，与领导坦诚交流，不能诘问领导，比如，你想听真话还是假话？"

听到培训老师的点评，我当场就愣住了，老师点评的内容怎么跟我当时在领导面前的行为一模一样呀？！愣了一会儿，我恍然大悟：肯定是领导提前给培训老师打了预防针，让老师对我进行有针对性的点评和指导！原来领导安排这次培训的真实目的不是他嘴上说的什么帮我成为老板，而是要点拨我，让我在他面前老实本分一点！但他好像又真的帮到了我。

培训结束后第二天我就到经理办公室，以向领导汇报培训心得的方式，真诚地向领导反思了自己以前沟通中的问题，并表示今后一定会和领导坦诚交流、实话实说。经理当时脸上流露出会心的微笑，夸奖我善于学习并表示会提供更多领导力课程的培训机会，让我迅速提升管理能力！

开眼，动心，让我们一起来复盘一下经理和我开展的职业规划谈话。首先，由于我和经理都想当老板，而企业的老板只能有一个，这样我的目标和领导的目标就产生了绝对的冲突。其次，关于冲突的处理方式，领导当时可以有四种策略：你输我输（领导冷落、疏远、打压，甚至开除下属，下属失去成长，领导失去人心，那就是双输的局面了）；你输我赢（领导不理睬，甚至冷落疏远下属，但同时他感到压力，悄悄地自我提升，下属输、领导赢）；你赢我输（领导鼓励、支持、培养下属，然后放弃老板位置，让下属取代他，下属赢、领导输）；你赢我赢（提供合适的培训机会给下属，让下属实现梦想，借机也解决领导的痛点，实现领导的目标，下属赢、领导赢，双赢才是最优解）。

	我赢	我输
你赢	最优解	退让
你输	自私	双输

以上是从管理者的角度而言双赢的例子，我们再看一个从下属角度而言双赢的案例。

我所在的公司当年有一个KPI指标：每人每年的培训时间不得低于40小时。这个指标在我负责培训管理之前，一直是由管理者承担的，也就是说这个指标是跟管理者的绩效挂钩的。因此，在绩效考核的前一周，管理者会统计每个下属的培训时间，只要有低于40小时的，管理者就会安排下属去参加一天的5S培训（5S培训最简单省力，公司几个内训师都可以讲，一次就8小时），如果还不够的话，就安排下属第二天继续听8小时的5S培训，直到凑够40小时为止，这样就不会影响管理者自己的绩效了。几年下来，有的下属竟然听了8遍5S培训，当5S内训师都绰绰有余了，可还是被管理者逼着去听5S培训。员工怨声载道的同时，企业培训费也打了水漂，培训并没有给企业带来实际效益！为什么造成这种结果呢？因为管理者采用的是"我赢你输"的自私方式。

我的第一个工作职位是公司的品保部质量工程师，负责品保部整个部门的仪表计量控制工作。我当时的个人短期目标是帮家里还掉为我们兄妹俩上大学而借的贷款，并给妹妹备一份嫁妆。但就像咱们前面效益平衡轮里面提到的不同阶段的人生重点不同，我也知道一个新进职场的大学生是没有能力在职场上议价的，于是我就把短期目标进一步分解成借助公司这个平台实现学识和能力的提升上。而提升能力的途径之一就是参加各种实用型的商业培训，所以公司只要有培训课程，我就主动找领导要求参加。在我的培训时间

没有达到40小时之前，我发现跟领导申请培训特别容易，但是等我的培训时间超过40小时以后，再去申请培训立马变得困难了很多。

有一次我去跟领导申请参加项目管理的培训。

我说："领导，公司下个月要举办项目管理的培训课程，我想去参加，希望您能批准。"

领导说："你想去参加项目管理培训？你够40小时了吗？"

我说："领导，不瞒您说，我已经达到40小时的培训时间了。可是我还是有点想去参加这次的项目管理培训。"

领导说："既然你已经够了40小时，那这次就不要去了，把机会让给那些没有够40小时的同事吧。"

我一看领导不同意，并没有马上退缩："领导，站在您的角度，我40个小时的培训指标是完成了，因此我完全能理解您的想法。但这门课程对我很重要，我真的很想去参加。如果我去参训的话，领导您是不是担心对您的工作开展造成什么不好的影响呀？"

领导说："是呀，你这次参训会不会占用我们部门的培训预算呀？会不会耽误你手头的工作呀？会不会有人觉得我把培训机会都给你了，人家会说我不公平呀？"

我说："领导，您放心，我为人处世的原则就是绝不损人利己。因此，对于您所关心的预算问题，我的想法是我会先自己垫付培训费。等我参训结束以后，我除了学以致用，还会发挥我善于学习和讲课的特长，把所学的课程带回来转训给我手下的三个技术员，如果在应用所学的过程中给咱们公司带来实际的财务收益超过这次培训费，您就给我报销了。如果财务收益不超过培训费，那我就自己承担这笔培训费好了。这样不但不会花咱们部门的培训预算，甚至还为您降本增效的KPI做出贡献了呀。另外，外出培训之前，我会把手头的工作交接给我的一个部下李磊，并承诺回来把课程转训给他。李

磊非常善于学习，基于我对他前期的考察和锻炼，我有信心他完全能够接手我离开这段时间的工作，不会给您增添任何麻烦的，这一点您也完全可以放心。至于您所担心的公平问题，那就简单了，如果有哪位同事也像我一样自己掏钱去学习，并且还回来学以致用和带徒弟的话，'众人拾柴火焰高'，那咱们部门业绩岂不更好，您何乐而不为呢？"

领导想了想，哈哈一乐："你说得很有道理。看来你小子为了去参加这次项目管理培训，没少动心思，替我考虑得很周全嘛！既然这样，就按你说的办吧。"

"谢谢领导，您放心，我会善始善终，跟您定期汇报我这次培训进展情况，肯定不给您添麻烦。"

得到领导的批准，离开领导的办公室以后，我把李磊叫到我的办公室。

我说："李磊，我知道你很好学，除了本职工作，你也特别想了解咱们整个实验室的整体运作，是吗？"

李磊说："是的，领导，这正是我今年最想实现的个人目标。"

我说："那太好了，你的机会来了。我要外出三天学习项目管理课程，如果这三天我把工作交接给你，让你接替我暂时管理咱们实验室的整体运作，你会有什么困难吗？"

李磊说："实验室日常事务没有问题，我主要有点担心万一有一些突发事件，那我就不敢保证能够应对的了。"

我说："这一点你放心，我出发前会发授权委托书给咱们公司全体人员的，只要不是重大危机事件，你就代表我全权处理。万一真要发生了重大危机事件，你可以通过手机联系到我，我会承担责任的。应对突发事件也是一个管理者必须要掌握的技能，这也是对你的一种锻炼，我相信你没有问题的。还有别的困难吗？"

李磊说："领导您这么说我就更有信心了，我暂时想不出还有其他困

难了。"

我说："好，那你就安排一下你手头的工作，准备下周接替我主持三天的实验室整体运营的工作，临行前我会再跟你交接的。另外，还有几个好消息告诉你：第一，这次学习回来，我准备把我学的知识分享给你，这样你也可以学到新东西了；第二，我要成立一个提升咱们实验室运营效益的项目小组，你感兴趣的话也可以加入进来跟我一起干，给你提供一个学以致用的机会；第三，我知道你是个吃货，我会给你带你最喜欢的天津十八街的麻花。怎么样？"

李磊说："那就太感谢您了，您就放一百二十个心，安心外出学习吧。实验室里的事情您就踏踏实实交给我，我肯定全力以赴办好，决不辜负您对我的信任和培养。再苦再累我都觉得值了！"

书读至此，亲爱的读者，请您把三个案例汇总起来，开眼、动心，就会发现以下几个共同特征：

第一，三个案例中，每个人都没有委屈自己而成全他人，都实现了自己的目标，我赢；也都没有强迫别人成全自己，而是帮助别人实现了对方的目标，他赢。用满足对方的需求的方式来满足自己的需求，也就是"双赢"。

第二，三个案例中，沟通的主动方总是先从了解对方的目标开始，然后以达成满足对方的目标的"利他"方案结束，也就是只谈"利他"。笔者把这种利他性的管理沟通概括成一个简单的三段论模型：你的目标是……（探寻和确认目标）；机会来了……（提供路径和资源）；去干吧……（任务分工和授权）。笔者称为"双赢式沟通法"。

第三，三个案例中，沟通的主动方极少甚至不提自己的目标，而这恰恰是沟通发动者的内心真正的目标，也就是不谈"自利"而实现"自利"。

咱们通过一个常见的生活化的场景，那就是找好朋友借钱，再来体会一下双赢式沟通法的威力吧。

朋友给我介绍一个很好的项目，那就是给一个很大的工程搞装修，投资回报率高达20%。但需要我前期垫付500万元的资金，才有可能把这个项目拿下。我手头没有这么多钱，于是我就到我最亲密的大学同学家里做客。

进门寒暄以后，我说："哥们，我现在手头有个非常好的项目，你感兴趣吗？"

老同学说："我就说你'无事不登三宝殿'嘛，这我当然感兴趣，具体是什么项目？"

我说："我手头有一个大型工程的装修项目，肯定能赚钱的，但对方要求我前期要投500万才能把工程包给我，我手头一时没那么多，你看能不能借我点钱把这个工程拿下？你放心，咱们这么好的同学关系，我肯定有借有还，不会坑你的！"

老同学沉吟了一下："你这话说得就见外了，老同学，咱俩这关系，我怎么可能怀疑你不还钱的嘛。你想跟我借多少钱呀？"

我说："不多，我手头有400万，你再借我100万就够了。当然哥们要愿意多借我一点，我也照单全收的。"

老同学说："哦，100万呀，按理说倒也没有多少，不过你来得实在不巧，哥们，上个月我家里老人翻修房子，我一下子出了几百万的全款。上周业务部门接到一个大工程，对方也要求我垫资，我正愁这笔资金怎么解决呢，可巧你来了，你简直就是我的大救星呀！"

我说："我是你的大救星！你什么意思？"

老同学说："你刚才说你手里有400万想用来投资获利，是吗？"

我说："是呀！"

老同学说："你预估你包下那个工程能获利多少？"

"最少也应该有十五六个点吧。"我稍微顿了顿说。

老同学说："那这样好不好，你把你的400万借给我，我给你25个点，怎

么样？"

我说："你干啥工程呀？竟然有这么高的利润！"

老同学说："你就别问我干啥了，反正到时候我给你25个点的纯利就完啦，总比你投在你那个不见得靠谱的工程上，冒着收不回款的风险，干一年才拿十五六个点好呀！你要是不相信我，我把我眼下住的这套房子做抵押，价值1000万，到时候不连本带利还给你，你收我房子！绝对零风险稳赚，绝对比你那个工程赚得多！"

我说："你真的会给我25个点的纯利？不是不相信你老同学的人品啊，我怎么心里总觉得有点不踏实。"

老同学说："房产证押给你，公证处做公证，实实在在的东西摆在面前，你还有什么不踏实的呀？退一万步说，就是打官司你也稳赢的嘛，再说这些就显得咱哥们生分了。就像你对我这么信任，一有项目机会就想到了我，我这不也是为你考虑吗，怎么样？哥们，把你手里的400万借给我吧？不借给我的话，400万在手里，一分利也没有的。"

我说："那咱们可说准了，你会把你的价值1000万的房子抵押给我，然后确保一年25个点的纯利，5年本利结清？"

老同学说："没问题，我马上让财务部起草合同，把你的这些要求写进合同里，白纸黑字的合同、房产证、公证证明，一起交到你手里，你立马打款过来。"

我说："好嘞，你可真是我的好哥们！"

等我离开之后，被外面的冷风一吹，我才反应过来，我明明是来找别人借钱的呀，怎么最后反而把钱借给别人了？

绝不委屈自己成全他人，绝不强迫别人成全自己，用满足对方需求的方式来满足自己的需求，成全各自目标的双赢理念非常重要。这在企业管理和生活实践中有非常大的实践价值，意识到这一点以后，笔者在长达20多年的企业咨询活动中进行了有意识的观察，举几组常见的典型场景下的企业实践案例：

第一组：管理者让下属加班的场景。

某私企老板老李走到下属小刘的办公桌边，说："小刘，你今天晚上加个班吧。"

小刘一听，很不乐意地说："老板，怎么又加班呀？我晚上有安排了呢。"

老李听到小刘的拒绝，说："让你加个班你就推三阻四的，你们年轻人怎么一点吃苦耐劳的精神也没有。"

小刘说："老板，就算可以吃苦耐劳，那也要看值不值嘛。我以前加班那么多次，不给加班费也就算了，您还柿子只拣软的捏，怎么老是找我加班？"

老李说："你少啰唆，今天必须给我加班，否则明天就去财务部领两个月工资走人！"

小刘："老李，你的意思就是我今天不加班你就开除我，是吗？"

老李："我就这意思，你能咋的？"

小刘："好，老李，你给我等着，咱们劳动仲裁时候见！"

这是一个"00后"整顿职场的典型案例，管理者和下属不欢而散，毫无疑问是一个双输结局。

同样的背景，咱们看看另外一种做法，效果又会如何呢？

临近下班时间，私营企业老板老刘走到下属小李的办公桌边，说："小李，客户刚刚打电话给我，要求咱们把原定明天下午发的货提前到明天早上紧急发运，事发突然，你看怎么办呢？"

小李说："老板，客户临时催货呀，您经常跟我们讲顾客第一，看来今晚只能加班加点地赶工出来，明早发货了。"

老刘说："小李，看来你时时刻刻都记得顾客第一呢，好样的！你提到

的加班这个办法简直和我想到一块去了！那你看谁来加班合适呢？"

小李说："老板，如果今晚没有安排的话，我加班肯定没有问题，可很不凑巧的是我今晚有安排了。"

老刘："哦，本来我觉得你是最稳妥最能干的，想让你加个班赶工发货。既然你晚上有安排不方便加班的话，那你还有什么其他办法能够确保明早准时发货吗？"

小李想了想，说："老板，您看这样行不行，关于产品赶工的问题我交给同事小王，他今晚把产品赶出来肯定是没有问题的；至于发货所需要的文字资料工作，我可以带回家做，这样我和小王齐头并进，既不会耽误明早发货，也不用打乱我今晚的安排。您看这样可以吗？"

老刘沉吟了一下："小李你考虑得也算周到，算是可以参考的可行方案。刚才你说晚上有安排，不知道你方不方便告诉我你晚上有什么安排呢？"

小李说："不瞒您说，我一个关系特别铁的大学同学今天来苏州了，我也已经通知在苏州的几个同学一起来我家里聚餐，好朋友们难得一起聚聚呢。"

老刘说："大学同学是很铁的关系，你肯定是要尽地主之谊，强化感情的了，这一点我肯定能理解和支持你。你的同学什么时候离开苏州？"

"明天晚上的高铁。"

"既然你同学不是明早就走，有没有可能你今天晚上加个班，先把产品赶工发货以后，明天再去跟同学相会呢？至于今晚的聚会，你就让其他同学先替你招待着就可以了嘛。那样我明天特批一天带薪假给你，你就可以一整天都陪同学逛咱们的大美苏州啦，那样岂不是更能加深同学感情吗？你看这样是否可行？"

小李："老板您可以放我一天带薪假呀？那太好啦！说实话，我还正发

愁一个晚上不能尽兴，很多体己话来不及和同学说，还想明天跟您请假呢。既然这样，明早发货的事情您就放心地交给我好了，我今天晚上就是不吃不喝不睡也会把货发出去的！"

老刘："那就辛苦你了，小李，明天你就踏踏实实地陪陪同学，替我向你同学问个好。你这么优秀，相信你的同学也错不了的。"

多么愉快的一次谈话！老板实现了满足客户需求准时发货的目标，下属实现了招待同学强化感情的目标，绝对的双赢结局。

第二组：下属向领导辞职的场景。

某科研机构人事部部长办公室里，掌握核心技术的副主任设计师老张向人事部王部长提出辞职。

老张："王部长，非常感谢所里这么多年对我的培养，但经过慎重考虑，我决定现在正式向您提出辞职，这是我的书面辞职申请，请您批准。"

王部长非常意外，睁大了眼睛，说："所里这几年一直很重视你，怎么好端端的要辞职了呢？"

老张："王部长，坦率来说，在能力提升方面，单位确实没有亏待我。自从我大学毕业到咱们所里以来，所里确实给我提供了一个很好的平台。在这个平台上我兢兢业业地干了20多年，从一个对技术两眼一抹黑的青瓜蛋子到掌握了前沿技术的科研人员，从一个研究室里的普通职员到现在的副主任设计师，我非常感谢所里的培养。您也知道，我现在的房子还是咱们所里分给我的两居室"老破小"，我家老人身体不好，我必须要在身边照顾他们。以我在所里的收入根本买不起大一点的商品房，所以我只能辞职回老家照顾老人了。"

王部长："你掌握的技术是咱们所里培养的，你的职位是咱们所里提拔的，你就该知恩图报，怎么现在反而跟所里较起劲了，我们能培养你自然也就能培养别人！"

老张一听，强压心里的火气："王部长，既然你这么说的话，那我也没什么好说的了，反正我去意已决，按照劳动法，我从今天开始正式提交书面辞职申请，不管你同不同意，一个月以后我就自动离职。"

王部长："我还就不信'少了你这张屠夫，难道就吃带毛猪啦'？我现在就签字同意，你明天就别来上班了！请你马上出去！"

老张："好，老王，我谢谢你，希望你不要后悔！"

一周之后，老张离开这家研究所，到一家私企担任技术负责人和公司监事，年薪百万。所里突然发现某项目的一项关键技术竟然只有老张一个人掌握，由于老张的离职，该项目不得不面临着下马的风险。王部长眼见自己无法承担如此重大损失的责任，同时也没有意识到自己当初与老张离职面谈中的过错，就匆忙发起法律诉讼，起诉老张"在保密期内的离职无效，主张老张必须回所继续本职工作"。老张的回应非常坚决：积极应诉，抓紧脱密，绝不回所！

一次非常拙劣的离职面谈，管理者和下属不欢而散，毫无疑问的双输结局！

同样的背景，发生在另外一个研究所里，部长的处理方式完全不同，效果又会如何呢？

某研究机构领导办公室里，掌握某核心技术的主任设计师老孙向人事部刘部长提出辞职。

老孙："刘部长，非常感谢所里这么多年对我的培养，但经过慎重考虑，我决定现在正式向您提出辞职，这是我的书面辞职申请，请您批准。"刘部长非常意外，睁大了眼睛，说："辞职？怎么好端端的要辞职了呢？老孙，坐下来慢慢说，是不是工作上、生活上遇上什么困难啦？看看我能帮你做点什么。"

老孙："刘部长，自从我大学毕业到咱们所里以来，所里确实给我提供了一个很好的平台。在这个平台上我兢兢业业地干了20多年，从一个青瓜蛋

子到掌握了前沿技术的科研人员，从一个研究室里的普通职员到现在的主任设计师，我非常感谢所里对我的培养。可是您也知道，我现在的房子还是咱们所里分给我的两居室"老破小"，我家老人身体不好，我必须要在身边照顾。以我在所里的收入根本不可能买得起大一点的商品房，所以我只能辞职回老家照顾老人了。"

刘部长："老孙，你辞职的理由就是目前房子太小，不方便让老人在身边养老是吗？还有其他理由吗？我希望你把内心的真实需求或者问题告诉我，咱们之间坦诚交流，看看能不能找到一个对你最有利的解决方法。我相信辞职是一个办法，但肯定不是唯一的办法。"

老孙："刘部长，说实话，我在咱们所里干了大半辈子，肯定也是有感情的，但目前我的收入真的是解决不了我眼前的问题了，我能想到的就是辞职回家了，虽然我也很舍不得咱们所。"

刘部长："谢谢老孙你把内心真实的想法告诉我。我知道你最近承担了一个重大科技攻关项目，你的技术能力在咱们所那是数一数二、不可或缺的，针对这个项目而言，你应该是符合稀缺人才的标准的。既然你的问题是房子和给老人养老，那你看能不能这样：所里目前还有几套作为稀缺人才引进专用的房子，三室两厅，全套精装修，使用权三年。你打个资质申请报告给我，我找所里领导一批，你就住到稀缺人才引进房里去。再把老人接到身边来赡养，大城市的医疗条件好，环境也好，赡养老人岂不是比你回农村老家更好？带老人家进城安享晚年生活，这才是咱们身为人子的孝道嘛！"

老孙："谢谢刘部长您对我的理解和照顾，我还真没有想到这一点呢。可是三年后我又该怎么办呢？"

刘部长："老孙，我知道你还有一个不好意思明说的收入原因，那咱们来推心置腹地算算账。你在咱们所一年雷打不动保底税后20万，加上所里提供的各种隐形福利，比如假期、物业、教育、医疗等，七七八八加起来，

实际真实收益不止七八十万呀。你要出去进私营企业的话，就拿医疗来说，要挂专家号看病，挂不上耽误给老人看病，不然就要花钱找黄牛花大价钱。可是在咱们所，所里人脉广，领导一句话就搞定，不用排队看专家呀！还有孩子读书，你在外面私企工作，但凡要进好的学校必须花好几万，还不一定进得去；要是在咱们所，咱们所里的小学本身就是一流的学校，一分不花直接就有资格入学的呀。老孙，你可要算总账不要算小账哟！至于未来的稳定性，那外面的私营单位跟咱们所更是没法比的，我告诉你一个我们人事部的大数据，中国私企的平均生存期只有1.7年，3年后你去的那家私企还在不在都不一定。老孙，作为朋友我真心劝你思考清楚，慎重决定。"

老孙："刘部长，我还真没考虑这么多，可我这报告……"

刘部长："如果你决定不走了，那就回去写稀缺人才资质申请报告给我，咱们按上面的计划进行，辞职的事情就当没有发生过；如果你仍然坚持要走的话，我当然也会尊重你的意见。你现在不要匆忙做决定，一周后你再告诉我。你这份辞职报告暂时放我这里。"

老孙："谢谢刘部长您设身处地地替我考虑，您确实考虑得比我周全。那我先回去考虑一下，您等我的最终答复。"

刘部长："好的，老孙，兹事体大，你可一定要考虑清楚，我等你的答复。"

一周后，老孙又来到刘部长的办公室里，还是关于辞职的事情。

老孙说："刘部长，自从上次咱们谈过以后，针对您提醒我的那些点，我回去和家里人进行了深入的交流。我们家所有人都觉得您确实是在设身处地地替我考虑，是一位难得的真心帮助和成全下属的领导。按道理我是无论如何不能不知好歹再跟您提出辞职的了。可是我的父母是农村的，他们完全不适应大城市的生活环境，坚决不同意到我身边来。并且老人家信奉养儿防老，落叶归根，无论怎么说也坚持让我回老家给他们养老送终。所以，刘部

长，我实在没有办法了，只能辞职，希望您能理解。"

刘部长："哦，为了父母养老，你竟然做出这么大的牺牲，老孙你的孝心让我感动。尽管我非常不舍，但我也不好强留你了。既然咱们一起共事的时间不多了，不知道你正式离开所里之前有什么打算呢？"

老孙："刘部长，就像您设身处地地替我考虑一样，我也不能让您和所里为难。您觉得我的离职会对您和所里有什么影响吗？我尽量弥补。"

刘部长："老孙，你负责的那个重点项目，据我所知有些技术要点的把控还非你不行呀，你这么冷不丁地一走，我很担心项目的开展会受影响。"

老孙："这个您放心，刘部长，项目的事情我考虑过了，在我离开所里之前，我会把我手里掌握的技术把控要点全部交给我的下属小张，或者领导您安排一个人给我，我保证把他带到我这个水平再离开，这样就不会影响项目进展了。"

刘部长："谢谢老孙你能为所里考虑，你能主动交接并承诺项目进展不受影响，我就放心多了。可是咱们单位的性质你也知道，关于信息保密方面你是怎么考虑的？"

老孙："领导，保密工作这一点您绝对放心，我会严格按照咱们保密制度脱密的。事关国家大事，我肯定是不敢马虎的，您这么帮我，我更不能给您和所里添麻烦不是吗？"

刘部长："看来你考虑得确实很周到，你也是下定辞职的决心了，那我也就不再说什么了。就按照你说的，你回头列一个离职前的工作交接计划给我吧，如果交接计划没有问题，我就可以在你的离职申请上签字了。"

老孙："非常不好意思，刘部长，除了离职我实在是没有办法了。回想我在所里的这么多年，我丝毫不后悔，因为我每天都没有虚度，每天我都在所里这个平台上获得了成长和提升，没有所里的培养就没有我的今天。我真的舍不得离开您这样的领导和咱们所！"

刘部长："老孙，回想你在所里的这么多年，我丝毫不后悔有你这个下属，因为每一天你都在为我们所、为我们的事业做贡献。说实话，我也真的舍不得放你这样的人才离开咱们所！你在外面如果不开心，随时还可以回来的，这里永远是你的家！"

老孙："谢谢刘部长，虽然离开所里了，但我保证咱们永远是朋友。只要您和所里有用得上我的地方，我永远都是所里的人。"

一次非常愉快的离职面谈，管理者没有了项目和保密的后顾之忧，下属知恩图报、称心如意地离开，妥妥的双赢结局！

从以上实际管理场景的对比来看，但凡失败的管理案例都有一个规律：双方只关心自己的利益和需求（目标），并且都希望对方按照自己所要求的达成方式（任务）完成，在沟通过程中往往容易陷入任务的冲突而不能自拔，最终走向双输（暂时性一方退让换来的单赢，表面看来一方目标达成了，但这个过程其实是伤害了双方的人际关系，长期来看也是双输），笔者称为"任务导向的双输式管理"。而成功的管理案例也有一个规律：双方都积极主动地探寻对方的目标，并运用系统性思维共同开发多种实现各自目标的达成方式（任务），以图避开冲突！这个过程中双方都没有放弃自己的目标，一旦任务达成共识并执行下去，双方目标都得以实现的同时，还强化了良好的人际关系，是一种可持续的双赢的结局！笔者称为"目标导向的双赢式管理"。

以任务为导向的双输式管理方式除了伤害人际关系，长期来看还会造成一个后果很严重的企业现象："事多心就乱，无事心就空。"管理者不了解下属的目标与工作计划，开口就是让下属完成某个任务，这种情况下领导的任务要求极大可能与下属目前的工作产生冲突，搞得下属手忙脚乱、无所适从，原来的计划被冲击得七零八落，这就是所谓"事多心就乱"。与之相反的是，当领导不给下属安排任务的时候，有些下属就心安理得地打游戏、玩手机。甚至当领导检查其工作,看到其无所事事的时候,下属两手一摊:"领导,您安排的工作我都做完了!没事啦,不玩干什么?"这就是所谓"无事心就空"。某些家庭中孩子的学习也存在这种"事多心就乱,无事心就空"现象,学习作业多了就手忙脚乱,匆匆应付了事;没有学习作业的时候,就疯玩停不下来,不知道主动安排学习任务。

目标导向的管理方式恰恰可以解决上述问题,做到"有事心不乱,无事心不空"。管理者开口先了解下属的目标,管理者也介绍自己的目标,这种情况下双方可以坦诚地分析各自的任务与目标的关联性,很容易明白各个任务的必要性和执行任务的先后顺序,从而理顺做事的先后顺序,这就是所谓"事多心不乱";与之相反的是,当领导不给下属安排任务的时候,由于目标是还没有实现的,有目标导向的人就不会心安理得地打游戏、玩手机,即便没有别人催促,也会自发地找一些跟目标有关的事情来做,这就是所谓"无事心不空"。如果家长用这种目标导向的方式培养自己的孩子,自己非常省心的同时,孩子还能自发地成长。笔者的女儿15岁一个人在德国读高中的时候,她给自己定的目标是去日本读大学,因此她会充分利用每个周末的空闲时间自学日语,这个过程完全不需要家长和老师的督导。女儿的一句话我始终记得:"有目标的人睡不着,没目标的人睡不醒。"

在20多年的企业管理咨询的过程中,笔者发现绝大多数企业管理者采用的往往是简单直接的"任务导向的双输式管理",即便个别管理者意识到任务导向的问题所在,也苦于没有切实有效的办法和工具而不能改变。看来除了需要摒弃这种任务导向的双输式管理理念,建立新型的目标导向双赢式管理理念,还很有必要把这种管理理念提炼成一个方法论和实用的工具,提供给管理者在日常职场工作中活学活用,只有"思想工具化,工具思想化",才能知其然也知其所以然,长期的、有效的工具应用就能促使管理者养成良好的职场习惯,直至形成固定的管理风格和理念。经过深入广泛的实践,笔

者开发了充分体现目标导向的双赢式管理思想的工具，具体工具见"工作目标任务双赢表"：

范例：

工作目标任务双赢表（周末加班）

A方的工作目标	B方的工作目标
周一一早给总经理提交报表	陪孩子上亲子教育课，融洽亲子关系
A方实现目标的工作任务（三个以上）	**B方实现目标的工作任务（三个以上）**
让下属B在公司加班完成报告 / 只要按时完成报告就可以，至于谁做和在哪里做都无所谓 / 自己完成报告	周末亲自陪孩子上课（与A的任务1时间冲突）/ 请家人代为参加，然后对自己转训 / 和培训机构协调更换上课时间
AB双方关于工作任务的共识	
下属 B 可以不加班，但要把写报告的任务转给另外一个同事C代为完成并确保报告质量，周一上班就交给 A	
A方的工作计划	**B方的工作计划**
1.周日晚上8点与B跟进报告的进度 2.下周一接收报告并上交给总经理	1.周末继续亲自陪孩子上亲子教育课 2.周五下班前完成与同事C的工作报告任务的交接安排 3.就交接情况以及C的报告进度及时电话跟进，确保报告质量和进度 4.周日晚上8点向A电话汇报报告情况

工作目标任务双赢表

A方的工作目标	B方的工作目标
A方实现目标的工作任务	B方实现目标的工作任务
AB双方关于工作任务的共识	
A方的工作计划	B方的工作计划

双赢精要

双赢：

　　绝不委屈自己成全他人，我赢；

　　绝不强迫别人成全自己，他赢；

　　给予双方目标，用实现对方目标的方式来实现自己的目标，"双赢"。

"双赢式沟通法"：

　　您的目标是什么（探寻和确认目标）

　　机会来了怎么做（提供路径和资源）

　　去干吧（任务分工和授权）

两种工作模式：

　　事多心就乱，无事心就空的任务导向

　　事多心不乱，无事心不空的目标导向

两种管理方式：

　　任务导向的双输式管理

　　目标导向的双赢式管理

一个工具：

　　《工作目标任务双赢表》

第十一章　轻重缓急

书读至此，我们已经明确了自己的目标，也能通过双赢的理念和工作方式正确处理自身目标与外部世界的冲突，不被外界所左右，从而"咬定青山不放松""任尔东南西北风"，坚守自己的目标，确保目标的正确性和恒定性。目标是方向，是未来，必须分解到日常工作的具体任务中，通过日常任务的实现而实现。那自身目标与日常工作任务究竟是怎样的关系呢？先容笔者卖个关子，请诸位先做一个心理学测试吧。从下面的10个测试题里面做出您的选择，每道题目只能而且必须从3个选项里面选出唯一的答案。

1.一个平安无事的周末，您正准备送孩子去少年宫学琴，突然接到电话说您的母亲被紧急送往医院，您必须去医院照顾，这时您会：

　　A.决定哪也不去了，免得被人说只顾孩子忘了娘。

　　B.不去送孩子而去医院看母亲。

　　C.先把孩子送到少年宫，然后再去医院。

2.您有完全属于自己的一个夜晚，没有任何计划内的事要做，您会：

　　A.享受当下，轻松地享受独处的滋味。

　　B.展望明天，想一想明天的计划。

C.总结昨天，回忆和反省一下前几天所做事情的得失。

3.假设您得了某种重病，医生说您只剩6个月的时间，您会：

A.继续保证正常工作节奏，尽量去做更多你一直想做的工作。

B.辞职回家，去享受一下生活的快乐。

C.尽量寻访各地名医，力图挽救你的生命。

4.您已经洗漱完躺在床上，准备早点睡觉，因为明天有一个重要的会议需要您发言。突然有个同学打电话来，邀请您现在去参加一个同学聚会，这时您会：

A.告诉他明天你有重要会议，现在只想睡觉，坚决拒绝他。

B.立马起床，和他一道去。

C.不说有重要会议要开，而是找一个委婉的理由谢绝。

5.当一大堆工作推到您面前，您是否想过放弃一部分不做呢？

A.从来没有想过　　B.偶尔想过　　C.经常会想

6.在您已经存够了买房子的钱，但是还没有存够买家具的钱时，忽然听说有一套房子正在优惠出售，这时您会：

A.先买房搬进去，暂时住空房子，等到有钱时再买家具。

B.先买房搬进去，想其他办法添置新家具或者翻新一些必要的旧家具。

C.暂时不买房子，等到挣够买家具的钱，新房、新家具一起买。

7.下列哪一句最符合您的实际状况呢？

A.在我的工作和生活中，我不知道什么对我最重要。

B.在我的工作和生活中，重要的东西是不断变化的。

C.每一分钟我都知道什么东西对我是最重要的。

8.您觉得缺少下面哪一件东西时，你的生活最不受影响：

A．电话　　B．汽车　　C．食品

9.洪水就要到来，您会选择带下面哪一件东西逃命呢？

　　A.食物　　B.烹饪用具　　C.医药箱

10.假设您现在处于一艘因超重而即将沉没的轮船上，您会把下面哪一样东西扔掉以延缓下沉呢？

　　A.一箱罐头食品　　B.一箱书　　C.一箱工具

做完每个题目以后，请根据下面的分值表，把每个题目的答案换算成相应的分数，然后计算该测试问卷的总分，作为测试结果。

问卷分值表

总分：　　分

选项	题号									
	1	2	3	4	5	6	7	8	9	10
A	0	0	2	3	0	3	0	2	3	0
B	3	3	1	1	2	2	1	1	1	2
C	1	2	3	2	2	1	3	0	2	1

测试结果解读：这个测试问卷其实就是测试您能否区分事务的轻重缓急。

总分≥25

意味着工作生活中很多事务出现在面前时，您很容易就能区分事务的轻重缓急，并做出正确的处理顺序和应对策略，极少数卓越的人士能够达到这个分数，在笔者20多年的大数据统计结果里面，达到这个分数的人只占5%左右。

18≤总分<25

意味着工作生活中很多事务出现在面前时，您基本上能区分事务的轻重缓急，并在大多数情况下做出正确的处理顺序和应对策略，大多数优秀的成功人士能够达到这个分数，在笔者的大数据统计结果里面占15%左右。

总分<18

意味着工作生活中很多事务出现在面前时，您几乎不能区分事务的轻重缓急，在大多数情况下做出事务轻重缓急的判断都是错误的。在测试分数比较高的前两档的管理者心里，通常会觉得这样的下属在工作理念和方法上与自己格格不入，不能有效落实自己的目标和任务。没有取得职场大成就的普通人士往往会处在这个分数。在笔者的大数据统计结果里面占80%左右。

为什么同样的测试题，不同人测出来的分数不一样，也就是说区分轻重缓急的能力不一样呢？背后的原因有两个：一是知识层面上，不懂得轻重缓急的概念与评价标准，所谓不知而行；二是行为层面上，虽然知道轻重缓急的概念与评价标准，但在实际的工作生活中，面临真实发生的各种情况时却做不到，所谓知行不一。

首先解决第一个知识层面的问题，也就是了解轻重缓急的概念和评价标准。

急：无法预见和计划，一旦发生马上就要做或者短时间内要做（一般是当天要完成的）。

缓：可以预见并纳入计划中做或者什么时候做都可以，没有具体时间要求。

重：具有重大影响和后果的，绝对要做或者不做会出问题。

轻：可做可不做，做比不做好，好也好不到哪里去，不做也行。

如果说文字比较难懂，那就用一个系统图来展示轻重缓急更清晰的评价标准。

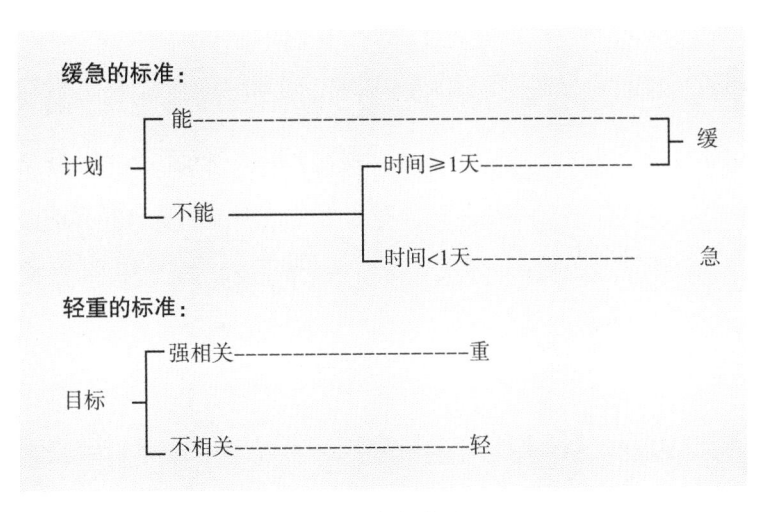

```
缓急的标准：
         ┌─ 能 ──────────────────────────┐
计划 ─────┤          ┌─ 时间≥1天 ─────────┤ 缓
         └─ 不能 ───┤
                    └─ 时间<1天 ─────────── 急

轻重的标准：
         ┌─ 强相关 ────────────── 重
目标 ─────┤
         └─ 不相关 ────────────── 轻
```

轻重缓急标准图

从轻重缓急的概念来看，判断事情缓急的标准在于计划和时间，并且首先是计划，因为只要是能够计划的事情，就可以"运筹帷幄，决胜千里"，这件事情的效益就处在可控范围之内。在无法计划的情况下，再看事情是否需要在当天完成，如果并不需要当天下班前必须完成的话，那就又有了晚上加班等后备方案，所以视为缓；如果事情必须在当天下班前完成的话，那就视为急。判断轻重的标准在于目标，也就是说如果某件事情与目标的实现是紧密相关的，这件事情一旦做好，目标就实现了；这件事情一旦搞砸，目标就实现不了了；要想实现目标必定做好这件事情，那这件事情就视为重的事情。如果这件事情与目标的实现是不相关的，这件事情做得再好，目标也未必实现，这件事情搞砸甚至直接不做了，目标也照样可以实现，那这件事情就视为轻的事情。从轻重缓急的概念来看，轻重缓急的判断标准其实是非常清晰和严谨的，而且就像数轴的X轴和Y轴一样，各自独立。但实际日常管理活动中，很多人却区分不清楚，比如会错误地把紧急的事情理解成重要的，把重要的事情理解成紧急的，所以测试的分值会偏低。

在解决了知识层面的问题后，接着解决行为层面的问题，也就是在日常

工作场景下能不能做好计划、坚守目标。

就拿笔者最熟悉的培训这件事来说，课堂中总是会遇到个别学员中途离场，比如被领导叫去开会、迎接客户或者上级的检查什么的，导致学习过程断断续续，培训实际效果很差。究其原因，培训组织者已经提前一周发了培训通知，预留了足够的时间让学员提前计划和协调自己的培训时间。因此本质上培训是可计划的事件，属于"缓"。但总有些学员在收到培训通知后没有提前做好相应的计划，例如培训期间突发事件处理的后备计划，而是等到培训当天才匆匆忙忙赶到教室参加培训。所以听课过程中一旦遇到突发事件，就会出现中途离场的现象。这种情况就是因为学员在知识层面上知道按照计划判定缓急，但实际生活工作的行为层面上却没有做好工作计划，从而无法正确判断缓急。同样，有些人在知识层面上知道按照目标判定轻重，但实际生活工作的行为层面上却没有树立明确的目标、选错了目标或者目标不够坚定。这就是所谓的"一说都对，一做全错"，没有做到知行合一，所以测试的分值会偏低。

只要解决了上述知识层面和行为层面的两个问题，在实际的工作生活中真正做到"知行合一"，再次做那份测试问卷，就会发现测试结果的分值明显上升！

按照上述轻重缓急的判定标准，我们自然而然就可以把要处理的所有事情分为四类。

第Ⅰ类：既重要又紧急，通常指的是危机事件、紧迫的问题、有明确期限压力的工作（安全事故、客户投诉、设备故障……）。这一类事务通常可以分为两类，一类是所谓问题型事件，另一类是从重要任务分解到今天必须完成的碎片化事件。

第Ⅱ类：重要不紧急，通常指的是例行的工作准备（早会、开工准备……）、效益改进活动（质量改进、成本降低、产能提升……）、发掘新能力（培训、学习……）、制订新规划（战略规划、目标分解……）等。

第Ⅲ类：紧急不重要，通常指的是"不速之客"（临时登门的促销员……）、某些电话（陌生人的骚扰电话……）、某些信笺与报告（某些被抄送的邮件……）、某些会议（临时通知的旁听会议、突发的替人开会……）、只符合别人期望的事（帮人取快递……）。这类事情通常就是我们常说的给别人帮忙。

第Ⅳ类：既不重要又不紧急，通常指的是烦琐的工作（无意义的例会……）、某些信笺（广告邮件……）、浪费时间的事（刷视频软件、刷社交软件、打游戏……），这类事情通常就是我们常说的打发时间的事。

现在回到开篇的问题，自身目标是通过日常工作任务的轻重缓急体现这种承接关系的。

如下表所示。

工作任务轻重缓急分类表

	紧急	不紧急
重要	I. • 危机事件 • 紧迫的问题 • 有期限压力的工作	Ⅱ. • 准备工作 • 改进产能 • 发掘新能力 • 制订新规划
不重要	Ⅲ. • "不速之客" • 某些电话 • 某些信笺与报告 • 某些会议 • 只符合别人期望的事	Ⅳ. • 烦琐的工作 • 某些信笺 • 浪费时间的事

第十二章　轻重缓急管理实践

知行合一，才是职场赢家。我们已经学习了判断工作事务轻重缓急的知识，下面我们就以老王的故事为例，把知识应用在实际工作中。

假设老王今年最主要的目标就是升职，因此对老王而言，从总经理交代写报告这项工作任务的话里可以很明确地看到，老王能否升职直接取决于报告写的好坏（实际工作中目标的实现可能同时与很多事情有着或多或少的关系，也可能同时有很多目标，在此我们暂时简化以说明道理即可），也就是说写报告与目标是紧密相关的，所以对老王而言，刚刚接到写报告这个任务的时候，写报告属于很重要的事情；同时由于总经理提前7天向老王交代了写报告这件事，刨除写报告本身需要的2天，也就是说老王提前5天知道了写报告这件事情，是有足够的时间安排写报告的计划的，所以对老王而言，刚刚接到写报告这个任务的时候，写报告属于不紧急的事情。

被老王拖延的1—4天时间里，这段时间老王的目标仍然是升职，总经理也没有找老王谈话修改对报告的要求，也就是说老王能否升职仍然直接取决于报告写的好坏，写报告与目标还是紧密相关的，所以对老王而言，在拖延的前4天时间里面，写报告这个任务都是属于很重要的；在这被拖延的4天里面，刨除写报告本身需要的2天，老王仍然有足够的时间做写报告的工作计划的，所以在拖延的这4天里面，写报告都不紧急。总体判断，写报告属于重要不紧急的II类事务。但如果在拖延的这4天里面，场景发生改变，写报告的属性是有可能发生变化的。举例说明一：他的总经理临时改变了主意，比如中途找到老王说"董事长的报告的事情先放一放吧，公司的战略规划已经不需要你的这份报告了"。这种情况下，写报告就与老王升职的目标没有关系，也就不重要了。举例说明二：老王自己中途改变目标，比如突然放弃升职而追求其他的目标了。这种情况下，写报告就与老王新的目标没有关系，也就不重要了。因此，同一件事务的轻重有可能随着时间而改变，一方面，取决于个人目标的恒定性；另一方面，取决于外部因素对于事务与目标的关联性。

拖延了4天后，时间来到了提交报告的前3天，这段时间里面老王的目标仍然是升职，总经理也还是没有找老王谈话修改对于报告的要求。也就是说，老王能否实现升职的目标仍然直接取决于报告写的好坏，写报告与目标还是紧密相关的，所以对老王而言，写报告这个任务仍是属于很重要的事情。从倒数第3天开始，刨除写报告本身需要的2天，老王已经没有足够的时间做写报告的工作计划了（特别提醒：缓急判断标准的1天是刨除任务自身所需时间后的1天，也就是相对的1天而不是绝对的1天），所以对老王而言，这个时候写报告属于紧急的事情了。总体判断，这时写报告属于紧急重要的I类事务。因此，同一件事务的缓急会随着时间而改变，从缓逐渐变成急。

既然同一件事务的轻重缓急会随着目标、时间以及外部制约条件而动态变化，那么，要想做到知行合一，我们在实际日常工作中就必须养成随时根据目标、时间以及外部制约条件而动态判断事务的轻重缓急的工作习惯。培养这种工作习惯的方法笔者称为"潜意识训练五步法"。如下：

1.我的目标是？（检视自己的目标，防止目标改来改去）

2.这件事与目标有没有关系？（分析事件与目标的关联性，检视外部制约关系的变化）

3.有重无轻。（判断轻重：有关为重，无关为轻）

4.能不能做计划并控制在一天内？（分析计划和时间）

5.能缓否急。（判断缓急：能为缓，否为急）

下面以老王交报告的最后一天为例，深入阐明"潜意识训练五步法"的实际操作。

老王遇到下属肚子疼这件事，应该在头脑里迅速思考"潜意识训练五步法"的五个问题：

1.我的目标是升职？（检视自己的目标：没有改变）

2.下属肚子疼这件事与目标有没有关系？（分析事件与目标的关系：升不升职并不看我会不会照顾肚子疼的下属）

3.无关为轻。（判断轻重：没有关系，所以为轻）

4.能不能做计划并控制在一天内？（分析计划和时间：不能事先计划下属会肚子疼，并且也不能拖到第二天再让下属去治病）

5.急。（判断缓急：否为急）

所以，下属肚子疼这件事对于老王而言属于不重要但很紧急的Ⅲ类事务。换位思考，肚子疼这件事对于那名下属而言，属于重要紧急事件，因为下属的判断过程是：

1.我的目标是健康？（明确自己的目标）

2.肚子疼这件事与目标有没有关系？（分析事件与目标的关系：肚子疼是典型的自身健康问题）

3.有关为重。（判断轻重：有关为重）

4.能不能做计划并控制在一天内？（分析计划和时间：自己不能事先计划

今天会肚子疼，也不能拖到明天再去治病）

5.急。（判断缓急：否为急）

因此，肚子疼这件事对于那名下属而言，属于重要紧急事件！请注意，事件是相同的，都是下属肚子疼，老王的判断结论和下属的判断结论是不一样的！

老王遇到吃中午饭这件事，继续思考"潜意识训练五步法"的五个问题：

1.我的目标是升职？（检视自己的目标：没有改变）

2.吃中午饭这件事与目标有没有关系？（分析事件与目标的关系：升不升职并不看我是不是准时吃午饭）

3.无关为轻。（判断轻重：无关为轻）

4.能不能做计划并控制在一天内？（分析计划和时间：午饭是例行的固定的时间，是可以计划的）

5.缓。（判断缓急：是为缓）

所以，中午饭对老王而言，属于既不重要又不紧急的IV类事务。而老王却因为花很多时间在吃饭上而忽视重要紧急的报告，实在是大错特错了。

老王遇到上级让他处理下属被投诉这件事，迅速思考"潜意识训练五步法"的五个问题：

1.我的目标是升职？（检视自己的目标：没有改变）

2.直属经理让处理下属被投诉这件事与目标有没有关系？（分析事件与目标的关系：升不升职并不看我会不会处理下属被投诉这件事，也并不看我是不是听从即将辞职的直属经理的指令）

3.无关为轻。（判断轻重：无关为轻）

4.能不能做计划并控制在一天内？（分析计划和时间：上级临时通知，不能事先计划，并且不能拖到明天）

5.急。（判断缓急：否为急）

所以，直属上级安排处理下属被投诉事件，对于老王而言，属于紧急但不重要的事件。换位思考，投诉这件事对于直属上级而言属于重要紧急事件，因为上级的判断过程是：

1.我的目标是维持自身和部门形象？（检视自己的目标：没有改变）

2.下属被投诉这件事与目标有没有关系？（分析事件与目标的关系：影响自己和本部门形象）

3.有关为重。（判断轻重：有关为重）

4.能不能做计划并控制在一天内？（分析计划和时间：不能事先计划今天会被投诉，也不能拖到明天再去处理）

5.急。（判断缓急：否为急）

被投诉这件事对于上级而言属于重要紧急事件。请注意，事件相同，都是处理投诉，老王的判断结论和领导的判断结论是不一样的。

依此类推，后面遇到骚扰电话、下班、看球赛等发生在眼前的事情时，老王都应先控制自己的本能反应，让自己冷静地分析上述五个问题再做出谨慎判断。在判断清楚事情轻重缓急属性的过程中，目标在头脑里进行了短时间高频次的重复和强化，这样目标就被深深地刻在了潜意识里面，这就是"目标的潜意识训练法"。而目标只有经过这种短时间高频次的强化训练后，深入到潜意识层面才会形成新的本能，而形成新的本能以后，人们才会根据既定的目标自动正确判断事件的轻重缓急，同时确保了目标的正确性、恒定性和专注性。

在上述故事中，针对同一件事情，笔者特意在分析了老王的看法的同时，也分析了相关另外一方的看法，相信读者您也注意到一点：针对同一件事情，不同人的轻重缓急看法是不一致的！这背后反映的是双方目标的差异性和工作计划的差异性。这种不一致现象在实际工作生活中会产生严重的冲突和矛盾，比如领导觉得很重要的事情下属却觉得不重要，下属觉得重要的事情领导却觉得不重要，领导觉得紧急的事情下属却觉得不着急，下属觉得着急的事情领导却觉得不着急。如果企业内部上下级不能就工作任务的轻重缓急保持一致，将会加剧企业内耗，导致企业内部各行其是，一盘散沙，不能"力出一孔"，这是组织执行力不强的根本原因。

如何解决上下级关于同一件工作任务的看法不同的问题，提升组织执行力呢？笔者分享一种在企业管理实践中被广泛证明行之有效的一种方法。

首先谈一谈下属如何利用"工作任务轻重缓急分类表"，就工作任务的看法和上级达成共识，该遵循什么样的基本原则。

每个下属都要填写一份工作任务轻重缓急分类表，表格里面的内容必须涵盖该下属在当下所在岗位上所有要做的工作任务（要点是所有任务而不仅仅是日常要做的），具体活动包括但不限于电话、开会、与上级沟通、与下级沟通、与同事沟通、收发邮件、写报表、外出公干、培训、接待、聊天、部门间支援、做计划、工作准备、处理投诉、处理突发事件等。填写表格的过程中要充分考虑自己的个人目标、工作目标和工作计划，认真思考"潜意识训练五步法"的五个问题以做出准确判断。作为一个企业人，工作目标通常至少包括岗位说明书里面规定的目标（完不成这一类目标叫失职，有被调岗甚至开除的后果）、KPI（关键绩效指标，完不成这一类目标会影响绩效，有影响升迁和收入的后果）、其他部门或者人员为了完成组织整体KPI而分解过来的配合其他部门的目标（这部分完不成会影响组织整体目标的达成）。该表格内容完全因人因事因时因地而异，也就是说同一个岗位，人员不同，表格内容有可能不一样；同一个人，身处不同岗位的时候，表格内容有可能不一样；同一个人，同一个岗位，所处的时间不同，表格内容有可能不一样。

完成工作任务轻重缓急分类表以后，下属应约直属领导进行一次面对面的坦诚交流。这张表格能够让上级直观看到下属的工作任务内容以及下属把

工作任务放的位置。最理想的情况是上下级没有任何分歧，但现实工作场景中，分歧在所难免。双方产生分歧的情况共有以下几种：

第一种：内容多了的冲突。上级认为下属的表格里面某些内容是多余的，也就是站在上级的立场上，上级认为这些事情是没必要做的。发生这种情况，下属要看这些事情的属性是轻还是重，如果属于轻，也就是下属其实自己也觉得跟自己的目标没有关系，这一类事情就干脆跟直属领导达成共识从表格中删除，所谓"轻删"；如果属于重，则绝对不能删除（放弃自己认为重要的事情，委屈自己成全了别人，违背"双赢"原则），要坦诚地跟上级讲清楚自己的个人目标，阐明这一类事情与自己个人目标的关系，再向直属领导表明自己坚持要做这类事情的态度，同时本着"双赢"的原则，承诺不会因为这一类事情而耽误上级安排的其他事情。这种情况下，作为直属领导应该积极倾听下属的个人目标和工作规划，也本着"双赢"的原则，尊重下属的意见并尽可能地把这一类重要的事情安排给下属，所谓"重谈"。总结一个原则：当上级觉得下属的工作任务多了，下属应该**轻删重谈**。具体事例可参照前面双赢那一章笔者向上级申请培训的例子。

第二种：内容少了的冲突。上级认为下属的表格里面某些内容是缺失的，也就是站在上级的立场上，上级认为有些事情是下属应该做而下属没有填在表格里面的，领导想给下属增派新的任务。发生这种情况，下属要在头脑里迅速思考"潜意识训练五步法"的那五个问题，分析上级增派的这一类任务与目标和计划、时间的关系，如果经分析属于重要事件，也就是下属也觉得跟自己的目标有很大关系，就马上感谢领导的提醒并愉快地跟领导达成共识，在表格中添加到重要的合适位置，所谓"重加"；如果经分析判断属于不重要的事件，则绝对不能添加在表格里（违心做自己认为不重要的事情就是委屈自己成全他人，违背了"双赢"原则）。这种情况下要坦诚地跟直属领导讲清楚自己的个人目标，阐明这一类事情与自己目标没有多大关系，

表明自己在正常的工作状态下，坚持不做这类事情的态度，同时也本着"双赢"的原则，承诺在直属领导实在无人可用并事发突然的情况下，下属也愿意尽可能帮助上级完成这一类任务，但正常情况下还是希望直属领导能够把这类事情安排给别人做。这种情况下，作为直属领导应该积极倾听下属的目标和想法，也本着"双赢"的原则，尊重下属的意见并尽可能地把这一类下属觉得不重要的事情安排给别人，不再强求让该下属承担，所谓"轻谈"。总结一个原则：当上级觉得下属的工作任务少了，增派新任务的时候，下属应该**重加轻谈**。

拿老王的故事举例说明。当直属经理说："老王，刚才生产部经理打电话投诉，说你的下属小赵一点都不配合他们的工作，你作为小赵的主管，怎么教导下属的？连这件事情都处理不好，我这老脸简直要被你丢尽了！赶紧去处理一下！"老王脑海里应迅速思考"潜意识训练五步法"，判定处理下属投诉这件事属于不重要："经理，站在您的角度，被平级部门投诉确实很没面子，也会影响您跟平级部门的合作，我完全能理解您把这件事情看得非常重要。领导，我今年最大的个人目标就是升职。总经理上周交代我写报告的时候说过，董事长会根据我写报告的质量决定我升职与否，而不是看我会不会处理下属投诉，因此我认为处理下属投诉这件事对我而言不是最重要的。如果我现在没别的事的话，我肯定会去处理下属小赵被投诉事件的，可我现在正写一个董事长明天一早要看的、决定我升职与否的报告，这份报告如果不能按时完成，对我们都没有好处。我实在是分身乏术，至于处理小赵投诉的事情您能不能委派别人去处理，或者容我写完报告之后再处理？"

这样回复后，直属经理一听："老王你现在正写董事长要看的报告呀！看来你还是很分得清轻重缓急，幸亏你告诉我报告这件事。既然这样，小赵被投诉的事情我来想办法，你就安心写你的报告好了。"这就是典型的"重加轻谈"。

第三种：位置方面轻重的冲突。一件事情上级认为很重要而下属认为不重要，或者上级认为不重要而下属认为很重要。发生这种情况，上级要向下属坦诚地讲清楚自己承担的工作目标，并分析这件事情与自己工作目标的关系，同时，下属也向上级坦诚地讲清楚自己的个人目标，并分析这件事情与自己个人目标的关系，在双方彼此了解彼此目标和分析过程的基础上，本着"双赢"的原则，尽量达成共识。这是一次很好的目标分解与达成共识的机会，所谓"**轻重谈目标**"。

第四种：位置方面缓急的冲突。一件事情上级认为很紧急而下属认为不紧急，或者上级认为不紧急而下属认为很紧急。发生这种情况，下属应该坦诚地讲清楚自己的工作计划并听取上级的看法，在双方了解彼此工作计划的基础上，本着"双赢"的原则，尽量达成共识。这是一次很好的对员工工作进行教导的机会，所谓"**缓急谈计划**"。

举个例子：某一位财务人员把收款这件事情填在了重要不紧急这一栏里面，总经理看到以后，很不高兴："收款这件事你觉得不着急？收款必须紧急处理，尽可能早点给我把钱收回来！"下属说："总经理，您把收款这件事情看得很着急，我是能够理解的，早点把钱催回来可以增加咱们公司的现金流。而我之所以觉得收款这件事不着急，是因为咱们和客户的销售合同里面有约定半年的付款周期。关于收款工作我是这样计划的：从客户签收咱们的货物之日起，前5个月我每个月都跟踪一次付款进度，到最后一个月的时候我加大催款力度，改为每周发一次付款提醒邮件给客户方面的对接人员，到最后一周的时候我再次加大提醒力度，会发提醒付款短信给对接人员并抄送对方财务经理。付款到期的最后一天，我会电话提醒客户财务人员。每一笔收款的准确性我都会统计到对应客户的信用体系里面，这么多年以来，这位客户都能按时付款。"总经理一听："以我看来，你的这个货款跟催工作计划没有问题，也就是说6个月以后我是肯定能够收到款项的了。这下我就可以放心大胆地安排6个月以后这笔钱的用途了。那就照你的说法，收款这件事就不着急了。"这就是"缓急谈计划"。

有人说，哪有这么容易就能跟直属领导达成共识的，也太理想化了吧？即便这次谈话就某些事情达不成共识也没关系的，笔者的经验是，以直属领导的意见为准，只需在这件事情上标注一个星号，等到这件事情发生在眼前的时候，再次运用"双赢"的原则应对。也就是所谓**"事到临头再双赢"**。事例可参考上面老王和直属经理关于下属被投诉的沟通处理方式。

经过这次坦诚的谈话，上下级之间彼此了解了对方的目标和工作计划，并基于"双赢"的原则达成了共识。这种共识本质上就是双方约定的，基于各自的工作目标，针对所有工作任务的工作规范。只要双方在日常工作中遵守事先约定的工作规范，就能够同时实现双方各自的目标，这就是"世间是有双全法，不负如来不负卿"。

以上是利用工作任务轻重缓急分类表与上级达成共识的应用场景和基本原则，下面我们再谈一谈利用工作任务轻重缓急分类表与下级达成共识的应用场景和基本原则。

笔者在公司担任领导岗位的时候，会事先培训下属如何填写自己的工作任务轻重缓急分类表，然后要求每个下属都要完成一份自己岗位的工作任务轻重缓急分类表，完成后笔者会与下属约一个合适的时间进行一次坦诚的交流，就笔者和下属的目标以及工作计划达成基于"双赢"的共识。就像笔者当年的做法一样，笔者建议上级把每个下属的这张表格收集起来装订成册或者在电脑里汇成一个总的文件夹。每当有一件任务要分派给下属的时候，上级就先翻看这个资料，找到一个把该任务看得非常重要的下属，运用咱们前面讲的"双赢式沟通法"，对下属说："你的目标是……（探寻和确认目标）；机会来了（提供路径和资源）；去干吧（任务分工和授权）。"下属自然就会迅速把任务跟自己的目标挂钩，意识到这件任务是为自己做而不是为别人做，从而非常高兴地接受任务并发自内心感激上级把这么重要的机会给自己！一个人一旦意识到工作是为自己而做，自然就会激发出所有的主动性和能动性，全心全意地把工作任务干得尽善尽美，加班熬夜也在所不惜，再苦再累也不会有丝毫的抱怨！下属完成任务，实现了自己的目标，觉得很开心，下属赢了！任务得以尽善尽美完成，上级很开心，上级赢了！

天下没有不透风的墙，一旦你分派的这件任务被其他下属知道了，如果对方把这件任务看得不重要，自然就不会抢这件任务做，甚至对方会因为上级没有把这件任务分派给自己而沾沾自喜；如果对方把这件任务也看得很重要，那就采用轮换法，下次再分派给他，以示上级对于每个下属的公平对待。这样其他下属也赢了！

完全可以想象，这样任务分派的结果就是：任务分配给看重的人，他感受到的是上级的重视，看到的是自己实现目标的机会，看重任务的下属赢了；任务被无怨无悔地全力做好，上级赢了；不看重任务的人，没有被强迫着去做，不看重任务的下属也赢了。笔者把这样分派任务的领导称为"三赢式领导"。

如果不遵循这个原则，上级把任务分派给一个不把这件任务看得很重要的下属。为了激发下属的工作热情，就只能拼命强调这件任务对上级本人、团队、部门、公司、国家甚至全人类的重要性（不能对下属说任务不重要，因为那样会让下属觉得上级看不起他），以彰显领导对下属的看重。当领导对着下属讲这些任务的价值和意义的时候，下属脑海里想的却是"又来洗脑！""关我啥事儿？！是不是故意整我！"下属对任务根本提不起兴趣，即便勉强答应了上级分派的任务，也不会全力以赴，而是推一推动一动，应付了事，因为下属的潜意识时刻提醒自己这件任务是为别人做嫁衣！上级如果这样安排任务，碰上口无遮拦的下属，他们甚至敢直接说出上面那些心里话，当场顶撞上级或者干脆裸辞，甩手走人。

一旦你分派这件任务给别人的事情被把任务看得很重的下属知道了，对

方会因为上级没有分派这件重要的任务给自己而误以为上级是在忽视自己甚至故意打压自己，同样也会丧失工作的积极性。

完全可以想象，这样分派任务的结果就是：任务分配给不看重的人，不想做却被要求去做，感受到的是直属领导的洗脑和逼迫，不看重任务的下属心不甘情不愿地执行任务，下属输了；任务被下属应付了事，任务结果不尽善尽美，上级领导输了；把任务看得很重的人，想做却没有被分派去做，失去了一次重大机会，看重任务的下属也输了。笔者把这样分派任务的领导称为"三输式领导"。

以笔者20多年的观察，现实的职场环境中，绝大多数领导属于"三输式领导"。而随着科技的飞速发展、物质生活的丰富和人性自由的解放，传统的简单强势的"三输式领导"越来越不能适应如今的现代化企业，现代化企业管理真正需要的是靠目标凝聚人心的"三赢式领导"。当企业里面各个层级的管理人员都运用工作任务轻重缓急分类表这个工具并践行上述基本思想原则，就可以在企业内部从上到下打通目标的"任督二脉"，上下一心，力出一孔。靠目标凝聚人心，形成人人都是经营者的强大内生力量！

从心理学角度而言，一个人一旦意识到工作是为自己而做，自然就会激发出所有的主动性和能动性，全力以赴；一旦感觉是为他人而做，自然就不会全力以赴，甚至会应付了事。笔者有一个亲身经历，前年装修新房子的时候，我听朋友介绍找了一个装修工人，与工人事先约定了工期和质量要求，签订了合约。本来口碑极好的工人，在装修过程中却时不时就请假，施工质量非常糟糕，工期一拖再拖。有一天我到装修现场，发现墙面装修得非常粗糙。

我非常生气地说："师傅，您三天两头的跟我请假，工期一拖再拖，你看看这墙面贴的，砖缝粗细不匀，对缝也歪七扭八，你到底是怎么回事啊？"

师傅说："最近家里有事，我的心思完全不在这里，干活的时候有点心不在焉了。"

我说："师傅你能告诉我到底家里出什么事了吗？"

师傅："不瞒您说，我儿子买了结婚用的新房，这段时间我正在给他装修，儿子和他女朋友催我施工，等着结婚急用呢。"

我说："咱们合约在先，总有个轻重缓急、先来后到的嘛，无论如何你不能这么应付我呀！"

师傅说："刘先生，话不能这么说，毕竟那是我亲儿子的婚姻大事嘛，为自己儿子我肯定是要全力以赴的啦！"

我说："那我的装修怎么办？"

师傅说："刘先生，您要是能等，您就等我几天，等把我儿子的婚房搞定，我肯定把您的房子装得让您满意；您要是不能等，那您就解约，另找别人给您装修吧。大不了这个把月的工作我就当白干，不收您钱好了。"

我说："您宁可搭工夫在我这里白干个把月，也要先给儿子干活吗？"

师傅："是的，毕竟是自己的活嘛，在您这里搭工夫白干我认了！"

我说："谁让我的装修工期碰巧遇上您儿子的婚房装修了呢！您两头顾就都顾不过来，我也自认倒霉了。您这段时间就全心全意给你儿子装修婚房去吧，装修完您儿子的婚房以后再来装修我的房子好了，只要你能保证装修质量，我就等您。"

师傅非常的高兴："刘先生，您放心吧，难得您这么通情达理。您宽限我一个月，我要是不把您的房子装修得跟我儿子婚房一个质量水平，我就对不起您这份宽宏大量！"

一个月以后，师傅高高兴兴地来我家接着干活，不但装修质量无可挑剔，还把耽误的那一个月的工期赶了回来。

轻重缓急精要

轻重缓急的评价标准：

  轻重看目标

  缓急看计划和时间

潜意识训练五步法"的五个问题：

  1.我的目标是？（检视自己的目标）

  2.这件事与目标有没有关系？（分析事件与目标的关系）

  3.有重无轻（判断轻重）

  4.能不能做计划并控制在一天内？（分析计划和时间）

  5.能缓否急（判断缓急）

一个工具：

  工作任务轻重缓急分类表

一次面谈：

  少了，重加轻谈

  多了，轻删重谈

  轻重谈目标

  缓急谈计划

  事到临头再双赢

两种领导：

  三输式领导

  三赢式领导

第十三章　先后原则

当我们按照目标和计划，把需要处理的所有工作事务区分轻重缓急并与直属领导进行了坦诚的沟通，达成"双赢"的共识以后，这四类事务处理的先后顺序是怎样的呢？

在20多年的商务咨询工作中，笔者曾多次问学员们："在你自主安排工作内容的时候，工作任务轻重缓急分类表里面的四类事务，你会首先处理哪一类事务？"收到学员最多的答案是首先做重要紧急的I类事务。这个答案对不对呢？我们还是从老王的故事里寻找答案吧。

在心理学上有一种人人都会存在的普遍现象叫作"视网膜效应"，视网膜效应在心理学上被看作是一种信息收集上的确认偏差，指的是人类会本能地寻找特定的信息来证实之前自己脑海里事先存在的假设。所以，视网膜效应会让我们更容易注意到之前所关注那个视角的信息，从而收集特定的内容，它是一种认知偏差和片面的归纳总结。通俗来说，就是人的大脑只会指挥眼睛看大脑想看的东西，对于大脑不想看的东西，哪怕看见了，大脑也会自动过滤和忽视这些信息，也就是常说的"熟视无睹""充耳不闻"。

一如前文所述，老王接受领导安排的写报告任务以后，离开领导办公室的时候，他把报告归类为重要不紧急的Ⅱ类事务，而不是Ⅰ类事务。视网膜效应体现在老王身上就是：如果老王认为应该先做重要紧急的Ⅰ类事务的话，那就意味着他会主动寻找重要紧急的事件，比如设备故障、客户投诉、安全事故这些Ⅰ类事务。一旦发现Ⅰ类事务，老王就第一时间优先处理。比如修理设备、处理客诉、处理事故……由于Ⅰ类事务非常重要紧急，因此这类事务往往需要人们在强烈的时间压力下，集中精力，连续高强度工作才能处理好。就像维修设备不能修到一半歇一歇，处理客户投诉不能处理一半就停下来让客户悬在那里，救火不能救到一半停一停。处理Ⅰ类事务的时候，人的身体和情绪感受往往是"痛并快乐着"。痛是因为体力、脑力工作强度大，快乐是因为感觉工作有价值。一天工作结束，老王拖着疲惫的身体回到家里，难免就需要休息调养一下身体，以免留下身体健康隐患。另外，身体的劳累也使得老王只想休息，根本没有精力陪家人和安排其他家庭活动，也很容易引起家人的不满。请注意：由于报告属于Ⅱ类事务，今天老王没有写业务计划报告。

第二天，老王的观念里面仍然是先做重要紧急的Ⅰ类事务，于是视网膜效益让其继续找Ⅰ类事务，昨天刚修好了一个设备，今天另外一台设备又出现故障了；昨天处理了一个客诉，今天另外一个客户又有点意见……于是老王又去处理这些Ⅰ类事务，又一个工作上感觉"痛并快乐着"但家庭没法兼顾的一天过去了。请注意：由于报告仍然属于Ⅱ类事务，所以老王还是没有写业务计划的报告。

以此类推，认为先做重要紧急的Ⅰ类事务的老王在报告截止的最后一天之前在工作上都是"痛并快乐着"，他一直疲于应对各种Ⅰ类事务，完全没有写业务计划报告。

时间来到了最后一天，本来属于重要不紧急的业务计划报告变成了重要紧急的Ⅰ类事务。认为应该先做重要紧急的Ⅰ类事务的老王这个时候发现有个重

要紧急的报告需要写，于是就赶紧拿起笔来写报告。但是没想到又发生了设备故障、客户投诉、安全事故等一系列重要紧急的I类事务，他不得不分心花了很多时间处理，以致决定升职目标实现的那么重要的业务计划报告反而写得一塌糊涂，大好的升职机会就此擦肩而过了！所以，认为首先做重要紧急I类事务的人，很容易出现"拖延症"，不把一件重要事情拖到最后就不会优先处理。一句话：认为应该先做重要紧急的I类事务的人，你的结局很可能就是十几年不能升职的老王！

认为应首先处理重要紧急I类事务的人的日常工作生活状态通常是：

1.由于满眼都是急需处理的重要紧急事件，精神上经常感觉压力很大，情绪不稳；

2.长时间高强度的工作下，身体不能及时恢复，经常有种精疲力竭的透支感，容易处于亚健康状态；

3.危机和问题不断发生，日常工作内容大部分都是忙于收拾残局；

4.常常疲于应付危机和解决问题，但只能以头痛医头、脚痛医脚的方式掩盖问题，并不能彻底解决。

笔者称这种首先处理重要紧急I类事务的人为"压力人"或者"劳模"。

	紧急	不紧急
重要	• 客户投诉 • 设备故障 • 安全事故	• 写报告 • 维护客户关系 • 设备保养 • 安全意识宣贯
不重要	• 下属肚子疼 • 下属的跨部门会 • 处理下属被投诉事件	• 下班接孩子 • 看球赛 • 赖床

如果转变观念，我们先做II类重要不紧急的事件会怎么样呢？我们还是回到老王的故事里寻找答案。

老王接受领导安排的业务计划报告任务以后，离开领导办公室的时候，他把报告归类为重要不紧急的II类事务。视网膜效应发挥作用，认为先做紧急不重要的II类事务的老王自然就会优先写报告。当然，真实的工作状况是II类事务里面有很多，比如跟设备故障相对应的设备保养、跟客户投诉相对应的客户关系维护、跟安全事故相对应的安全意识培训……老王也都会做一点。因此，老王第一天的工作是报告写了个把小时（做报告整体计划），保养几台设备花了个把小时，给几个客户打电话维系感情花了几十分钟，到某个区域巡查强调安全意识花了个把小时……由于II事件并不是紧急的，做II类事情也就并不需要高强度连续工作，即使出现其他突发事件，临时调整一下时间或者中途休息一下也问题不大。这样工作一天并不会特别累，但是很开心。为什么开心呢？因为保养做好了，设备就不会坏；客户关系到位，就不会投诉；安全意识培训到位，就能减少安全事故。也就是说，重要不紧急的II类事务做得越多越好，重要紧急的I类危机事务就随之减少！危机事务减少当然开心了呀。另外，由于不是很累，下班后即便不刻意休息调养，身体也不会留下健康隐患，就可以轻轻松松地陪家人或者安排其他家庭活动了，一家人也就可以其乐融融地在一起享受家庭生活。多么轻松快乐的一天！

第二天，老王的观念里面仍然是先做重要不紧急的II类事务，于是就继续找II类事务，发现报告还在（第一天才只是写完整体计划而已），因此就继续写报告（今天写大纲2小时），当然还可以再换其他设备做做保养，再换另外几个客户打电话维系感情，再去另外一个区域巡查强调安全意识……同样又是工作家庭平衡、轻松快乐的一天。

第三天，老王的观念里面仍然是先做重要不紧急的II类事务，于是就继续找II类事务，发现报告还在（第二天才只是写完大纲而已），因此就继续写报

告（今天收集报告所需资料2小时），当然还可以再换其他设备保养，再换另外几个客户打电话维系感情，再去另外一个区域巡查强调安全意识……又是工作家庭平衡、轻松快乐的一天。

第四天，老王的观念里面仍然是先做重要不紧急的II类事务，于是就继续找II类事务，发现报告还在（第三天才只是收集完资料而已），因此就继续写报告（今天写草稿一整天）……又是工作家庭平衡、轻松快乐的一天

第五天，老王的观念里面仍然是先做重要不紧急的II类事务，于是就继续找II类事务，发现报告还在（第四天才只是写完草稿而已），因此就继续写报告（今天提交直属领导审阅1小时）……又是工作家庭平衡、轻松快乐的一天。

第六天，老王的观念里面仍然是先做重要不紧急的II类事务，于是就继续找II类事务，发现报告还在（第五天总经理审阅后提出了修改意见），因此就继续写报告（今天根据总经理的意见修改定稿1小时）……又一个工作家庭平衡、轻松快乐的一天。

第七天，用足了2天，整个报告完全按照当初的设想完成，报告顺利上交！

老王从领受业务计划报告撰写任务开始到上交报告的这7天的工作内容和时间安排如下表所示：

工作计划表

工作内容	时间安排						
	第一天	第二天	第三天	第四天	第五天	第六天	第七天
写报告	做计划 1小时	写大纲 2小时	查资料 2小时	写草稿 1天	审稿 1小时	定稿 1小时	交稿 1小时
维护客户关系	客户1 2小时	客户2 1小时	客户3 2小时		客户5 1小时	客户1 3小时	客户2 2小时
设备保养	设备1 2小时	设备4 3小时	设备3 2小时		设备5 1小时	设备6 2小时	设备1 2小时
安全意识宣贯	区域1 2小时	区域2 1小时	区域3 2小时		区域4 1小时	区域7 2小时	区域6 2小时
其他	1小时	1小时			4小时		1小时

诸位读者，看到老王这7天的工作安排以后，相信你已经发现：只要老王建立首先处理重要不紧急的II类事务的工作理念和原则，就会自动把那件决定升职与否的业务计划报告分解成独立的任务碎片，然后分配到从领受任务开始到任务截止时间的每一天里面。只要每天坚持把每个碎片化的任务做好，到截止时间就能保质保量地完成整个任务！笔者把这种工作理念和原则称为**"长期任务碎片化"**。掌握了长期任务碎片化的工作方法就可以有效避免拖延症，跳出老王的怪圈，实现自己的目标。关键是同时还能把工作生活安排得平衡、自律、轻松快乐。

认为应首先处理重要紧急II类事务的人的日常工作生活状态通常是：

1.目标坚定、有理想、有远见;

2.工作和生活都计划得井井有条,兼顾工作和生活的方方面面;

3.生活和工作节奏感、自律性很强,能够抵抗外界的冲击和影响;

4.提前预防很多问题,生活和工作中很少有危机发生。

笔者称这种首先处理重要不紧急II类事务的人为"从容人"或者"成功人"。

书读至此,恐怕很多读者仍然难以接受不首先做重要紧急的I类事务。笔者在授课过程中,每当讲到这里,也总有些学员仍然难以接受,他们提出的问题是:"老师,我是一个机修工,我的本职工作就是负责设备维修和保养,按照您的说法,我放着出故障的设备不去维修而去保养那些没有故障的设备吗?""老师,我是消防队员,我的本职工作就是负责消防安全和灾害救助,按照您的说法,我放着火灾不去救而是去没有着火的地方做安全意识的宣贯吗?""老师,我是客诉处理员,我的本职工作就是负责处理客诉,按照您的说法,我放着已经提起投诉的客户不处理而是去和那些没有提起投诉的客户融洽客户关系吗?"遇到这样的情况,笔者总是请提出问题的学员仔细体会自己提出的上述问题和笔者前面提到的问题,这两种提问情景的差异是什么?读者也不妨回头再看看笔者提到的问题和上述老王选择重要紧急的I类事务的论证过程,相信您就会发现这两种场景是不一样的。前面的论证过程是在老王能够主动安排自己工作内容的情况下,先做重要不紧急的II类事务。笔者称为"人找事,先做II"。而后者提出问题的场景是在自己官卑职小,职责所在,无法自主安排工作内容的时候,遇到突发的重要紧急的事情,这种情况下当然是先做重要紧急的I类事务。笔者称为"事找人,先做I"。但如果因此就长期做I类事务的话,如上文所述会有留下健康隐患的风险或者形成拖延症的习惯,陷入老王的境地,那怎么办呢?答案就在"事找人,先做I,I最多只做一次",这里所说的只做一次是理想的目标,实际情况下可能会做多次，但决不能长期做I类事件，也就是说一个有着远大目标的人绝不能允许自己长久地重复做I类事务。举例说明：

当我还是一个机修工的时候，我的本职工作就是负责设备维修保养。工作中突然遇到一台设备出故障了。设备故障属于重要紧急的I类事务（影响产品交付并且不能事先计划），这种情况下当然是必须不辞劳累、马上加班加点抢修。设备修好以后，哪怕再累，我都要提醒自己：这种抢修故障设备的工作，我可以做一段时间，但我决不能允许自己一辈子只做这种事情！那怎么才能改变工作内容呢？通常有两种做法。第一种做法是彻底解决问题。第二种做法是带出一个可以接替自己做这件事的后备人员，万一问题再次出现就可以让后备人员去处理。我的做法是先趁热打铁，在后面几天里一定要找到该设备故障问题的根本原因，带出一个能够维修该设备故障的后备人员，然后在学习提升的过程中构思并制定维修和保养方案、完善公司的设备保养体制，写一篇《关于××设备××故障的问题分析与解决报告》提交给领导（后面这些事情性质都属于重要不紧急的II事件，可作为长期目标）。在这篇问题分析与解决报告里面要特别突出自己带领别人解决问题的领导力，从管理者的角度而不是从纯技术的角度考虑问题，积极树立管理流程和体制的系统思维和主动培养后备人员的大局观。当这篇解决问题的报告获得领导的认可后，一旦设备管理的领导岗位出现空缺的时候，通常就是我升职补缺到设备管理者的时候，从而脱离具体的设备维修事务，这样就可以一步步实现自己的远大目标了。

在工作任务轻重缓急分类表里面，I类事务通常可以分为两类，一类是突发的问题，一类是从II类事务分解过来的碎片任务。所谓的"事找人，先做I，I最多只做一次"，处理I类事务有三条基本路径，一是针对突发问题型的I类事务，做彻底的问题分析与解决，争取让同类问题不再发生；二是针对从II类事务分解过来的碎片任务，绝不拖延，一次性做好；三是把自己的专业技

能传给别人，带出后备人员，然后把I类事务分派给后备人员处理。

总结：人找事，先做Ⅱ；事找人，先做Ⅰ，Ⅰ最多只做一次！

也有很多人认为应当先做紧急但不重要的Ⅲ类事务，这样的人又是一种什么情况呢？

小白是个新进公司的大学毕业生，在实验室里担任化验员。在他眼里，周边的每个人都是自己的领导和前辈，都值得好好学习，因此他凡事谨小慎微，唯恐行差踏错一步。一天上午，小白正在电脑前整理上级让他准备的下午开会所需的资料，实验室的同事老王走过来说："小白，我有一个快递到大门口了，现在急着要，你帮我去拿一下快递呗。"

小白一听老王说事情很着急，马上说："好的，好的，老王，我马上就去给你拿。"

老王一看小白答应了，就非常开心地说："小白你真好，谢谢你哟，下班后我请你去吃麻辣烫。"

小白说："举手之劳，老王你不用客气。"

放下手头正在整理的资料，小白往大门口走的时候，在走廊里遇到人事部主管老魏（应聘的时候，老魏面试的小白）。老魏一把拉住小白，说："小白你来得正好，会议室需要有人去布置一下，我正愁找不到人呢，你就帮个忙去布置一下吧。会议室1个小时以后就要用了，急死个人了呢！"

小白一看老魏这么着急，不假思索地说："好的，好的，魏主管您放心，我马上就去布置，不会耽误您开会的。"

老魏一听，非常开心："谢谢你帮忙，你可真好。下班后一起走，我请你去吃麻辣烫。"

小白于是转身进了会议室，搬桌椅，拉条幅，布置起会议室来。

会议室布置一半的时候，小白的实验室管理员老马急匆匆地跑到会议室里，拉着小白就往外跑："小白，你怎么跑到这里布置会议室来了！我清点实验器材的时候，突然发现有种实验材料没有了，你赶紧帮我个忙，去市场上买回来吧，做实验马上就要用到这种材料，不能耽误事。"

小白一看老马这么着急，马上答应下来："好的，好的，老马你别着急，我马上去买。"

丢掉手里贴了一半的会议室条幅，小白急急忙忙地往外走，身后传来老马的声音："小白你真好，那我就回实验室等你啦，下了班我请你吃麻辣烫……"

等小白买好实验室材料回到公司的时候，已经是下午临近下班的时候了。

回实验室的路上，小白在走廊里又遇上了老魏和老马。老魏一看小白，气不打一处来："小白，你明明答应了我要布置好会议室的，怎么你把条幅贴到一半就跑掉了，害得我被所有的参会人员取笑，你怎么回事？！"

小白一副无辜的表情，说："魏主管，我真的去布置会议室了，这不是中间老马有一个更紧急的实验材料要购买，他让我帮他买材料去了。"

老魏生气道："你这人怎么说话不算数呀？！你当初要是不答应，那我就找别人帮忙了，你明明答应了我，我也指望你了，可你却又不兑现，你这不是言而无信嘛！"

小白说："老魏，对不起！"

老魏说："小白你这人说话一点都不靠谱！"

老魏对老马说："老马，你也真是的，你就不能等小白布置完会议室再让他帮你买材料吗？！"

老马："我这不也是着急嘛。"

小白情绪低落，回到实验室，老王一把抓住小白道："你不是给我拿快递去了吗？怎么去了这么久？人家快递员看没有人收件，把快递又给带回

去了！"

小白解释："我是去帮你取快递来着，这不是中途被魏主管拉去布置会议室了吗？他当时比你更着急呢。"

老王生气道："你的意思是我和老魏都找你，你先做他安排的事不先做我安排的？难道你看不起我？"

小白说："我没有看不起你，老王，我绝没有这个意思。"

老王说："你当初要是不答应，说实话我自己也能去取，你不会以为我离了你就不行吧？"

小白说："你误会了，老王，我本来是好心想帮你忙的嘛。"

老王说："一点都不靠谱，以后再也不信你说的话了！"

……

下班后，小白躺在床上回想一天的工作，心里非常郁闷，他不明白，自己累死累活，牺牲了自己的工作没有做，满怀好心帮他们的忙，怎么换来的却是自己言而无信、看不起人呢？难道自己当初就不该答应吗？怎么他们几个也在互相责怪呢？

通过小白的工作理念和行为模式，我们可以发现小白是首先处理紧急但不重要（别人觉得重要而自己觉得不重要）的事情，他良好的动机是帮助别人，试图与对方搞好人际关系。但实际达到的效果却是事与愿违。他最终留给别人的印象是：

1.短视近利（催一催，动一动，只干眼前活）；

2.不擅长危机处理（问题不能提前预防和彻底解决，同一个问题重复发生）；

3.巧言令色（随口答应，应付了事，不敢讲真心话）；

4.轻视目标与计划（没有自己的目标和主见，没有或者守不住自己的工作计划）；

5.缺乏自制力（总是受外界的冲击而改变自己）；

6.怪罪他人（总是责怪别人影响了自己的计划）；

7.人际关系浮泛，易破裂（被人说言而无信、不靠谱）。

笔者称这种首先处理紧急不重要III类事务的人为"无聊人"或者"老好人"。

那这种首先处理紧急不重要III类事务的老好人究竟应该怎样摆脱这种状况呢？咱们还是用下面这个场景为例分析吧。

笔者所在的培训机构从其他机构新招来一名讲师支持人员，主要负责配合老师做一些支持性工作，比如跟踪项目进展、筹备项目物料、安排讲师行程什么的。在新员工入职的当天晚上，公司同事们一起聚餐欢迎新伙伴的加入。席间，小姑娘站起身来对我们全体人员说："诸位老师，我的职责是配合和支持你们的项目进展、物料筹备和行程安排，我做事情的原则就是非必要不改变工作流程，希望老师们了解并支持我的工作。"听到小姑娘这么说，我们几个老师面面相觑，心里想着：敢给老师立规矩，有点不知道天高地厚、没大没小了……但是出于礼貌，谁也不好意思说出来，老师们还是笑着说："知道啦，肯定会支持你的。"

第二天，我到小姑娘办公桌旁边，说："小张，我这里有个项目，你帮我跟进一下进展。"

小张抬眼看了我一眼："刘老师，您的项目是什么级别的？"

我说："B级呀。"

小张："我正在处理一个陈老师的A级项目，20分钟后我就处理完这个项目，然后再处理您的项目。您要不先等一会儿？"

我说："我这个很着急的呀，你就优先处理一下吧。"

小张："刘老师，我不能破坏了我的原则，您要是能等，我就20分钟后跟进您的项目，要是实在着急，您要不找找别人？我相信就算没有我，您肯

定也有办法跟进项目的。"

我说："特殊事情，特殊处理，规则可以灵活变通嘛。"

小张："刘老师，我是一个说话算数的人，我前面既然已经答应陈老师了，我就必须把陈老师的项目做好。如果临时插进您的项目，那我就失信于陈老师了，那样我的话就没有人相信了。同样，我要是答应了您，如果后面别的老师有事找我，我同样随意允许特事特办的话，不是也耽误您了吗？您也不希望把工作交给一个言而无信的人吧。"

我正要再说什么，董事长走过来插了一句话："小张，公开课的李老师要用培训教室，你赶紧去布置一下教室的物料。"

小张抬头看着董事长："董事长，我手里有一个A级项目需要立刻处理，接下来刘老师会让我跟进一个B级的项目，您说的教室物料布置我会在处理完刘老师的项目后再去布置，如果您觉得来不及，您就执行后备方案吧。我处理事情的原则就是非必要不改变工作流程。"

董事长说："哦，你在处理A级项目呀。那你安心处理，千万不能出纰漏，教室布置的事情不用管了，我去看看谁还有空去帮个忙就是了。"

我看小姑娘竟然对董事长也这样坚持自己的原则，自然就不好再多说什么："好吧，小张，那就20分钟后处理我的项目，我也不急这20分钟的。"

后面几天，我特别留心这个小姑娘，发现她对所有的人都是这样，按照她自己的原则而不是别人的要求来安排别人交代的任务，同时她跟接触的人几乎每次都强调自己做事的规则和自己为人的原则。公司里慢慢传出一种对她的评价："小姑娘其实没什么的，心不坏，也就是个性有点鲜明罢了！不就是按项目优先级嘛，倒也很说到做到、简单纯粹呢！""让小张加急办事很简单的，只要项目优先级比她眼下项目高的就好啦。"

当我们摸清楚了小张的规则，以后再找小张做事的时候，我们所有人与她的交流模式很自然地变成："小张，你正在跟进什么级别的项目呀？"

小张说："B级。"

"B级。那你放下手头工作处理我的项目，我这个项目是A级呢！"或者："哦，你忙完来找我一下，我这里有个C级的项目要你处理。"

聪明的读者，请注意：这个时候小张只用说一句话"B级"，跟第一次你来我往的交流过程相比，大大减少了对小张自身正在处理工作的干扰。再到后来，小张干脆直接拿一个空白的台卡，手写正在处理项目的级别在上面，然后卡在办公桌的隔断上面。我们所有找她做事的人，看到这个台卡上的级别，自动与自己的项目级别做对比，只要低于这个级别的，啥话也不说就扭身回去了。小姑娘竟然可以做到连话都不用说，就杜绝了很多不必要的干扰，全身心地投入正在做的事情中。

董事长也关注到了这个现象，他把我叫到办公室里说："老刘，你以前讲效益提升课程的时候特别强调个人规则的重要性，我一度不是很理解，担心会伤害整个公司的人际关系和团队士气。但是从小姑娘的行为和实际绩效表现来看，公开亮明自己的规则确实能极大地提高工作效益，并且并不会伤害人际关系和团队士气。没有规矩，不成方圆。这样看来，只要规则不违背公司倡导的企业文化和法律法规，一个公司里面每个人都必须明确自己的规则，这样人与人之间才会更好地配合彼此的工作，减少很多不必要的沟通和误会，提升个人效益的同时也极大提高组织效益。"

我说："董事长，小姑娘的表现我也看在眼里了，她确实给咱们提供了一个关于建立规则的鲜活的案例。"

董事长："既然这样，我决定让小姑娘牵头公司流程再造的项目，负责梳理和明确每个人的规则和每件事的工作流程。老刘你善于讲课，就拜托你配合小姑娘向全体同事们宣贯提升职场效益的知识，尤其是职场规则的要求和意义，当然更要强调个人规则与团队规则、组织规则的双赢关系，避免个人主义，也要避免个人原则和组织文化的冲突。"

我说:"没问题,双赢和规则是我一直提倡的理念和价值观。我也很希望借此再收集一些鲜活的管理案例。"

后来,小张一个月转成正式员工,2年内升任公司部门主管。

总结:你制定规则,别人就适应你;你没有规则,别人就替你制定规则。

这里所说的规则包括:公司的文化、流程、办事规范等。

首先处理紧急不重要III类事务的"老好人"必须懂得建立清晰的个人规则,并借助规则而不是人情来拒绝别人的干扰,提高效益的同时,完全不必担心伤害人际关系!

极少有人认为应当先做不紧急但不重要的IV类事务,笔者称这样的人为"无用人"或者"躺平人",他们的日常状态往往是:

1.逃避现实:难以面对任务和责任,常常拖延工作,找各种借口和理由来逃避,将责任推给别人,或者以各种方式合理化自己的逃避行为。

2.毫无责任感:缺乏为自己的行为负责的意识和能力。

3.依赖他人:难以独立解决问题,总是需要依赖他人。他们不愿意为自己的行为负责,也不愿意承担失败的后果。

这种"无用人"丧失的是人生的目标感,不清楚自己生命的意义。人偶尔娱乐放松一下是情理之中,但如果贪图这短暂虚无的一时之爽,长时间沉迷其中,就将虚度一生。挣脱这种境况的出路就如咱们书里前面讲的,要明确自己的目标,并进行有效的潜意识训练,养成良好的目标导向的生活理念和工作方式。

先后原则精要

视网膜效应

长期任务碎片化

四类人：

  压力人、无聊人、无用人和从容人

先后原则：

  人找事，先做Ⅰ；

  事找人，先做Ⅰ，Ⅰ只做一次；

  建规则，拒绝Ⅱ；

  娱乐Ⅳ。

第十四章　舍得原则

一天下午，质量经理李华正在参加由总经理亲自主持召开的、所有中高层管理者共同参加的战略研讨会，会上各个部门负责人都要汇报本部门的战略构思并与公司高层就未来三到五年的重大战略方向与战略举措达成共识。

同时，非常碰巧的是今天还是李华女朋友的生日。李华本来的计划是今天按时下班，晚上要给女朋友举行一个隆重的生日派对，然后借这个难得的机会向相恋三年的女朋友求婚。

战略会议中间，李华突然收到一条信息，得知两年多不见的大学同学从外地出差来李华所在的城市，信息里约李华今天晚上参加同学聚会，共叙同窗之情。这下李华就很纠结了：要是去参加同学会，我女朋友的求婚咋办？要是不去参加同学会，老同学的感情咋办？

正在纠结还没个结论的时候，总经理突然宣布："各位，关于公司重大战略的构思和研讨，我看大家讨论得非常激烈，但到现在为止还没有形成决议。看来我事先安排的会议时间不够合理，我希望诸位今天晚上留下来继续进行分组讨论。咱们这次会议事关重大，务必达成普遍共识的会议结论。由于事发突然，难免对各位的原定行程造成影响，咱们临时休会10分钟，各位跟家里、下属打个招呼，10分钟后咱们接着开会。"

会间休息10分钟的空隙，李华的一名直属下属老孙满头大汗跑进会场，拉着李华就往外走。原来李华的另一名直属下属小孟与生产部门的一位产线员工发生纠纷，现在打起来了。在场的其他同事和人事部的保安根本制止不了，因此派老孙来找李华去处理此事。

假如你是李华，此时此刻你会怎么处理这四件事情呢？

我们看看几种常见的处理方式：

方式一：李华马上跟着老孙冲到纠纷现场，去处理打架的事情，利用上级的身份要求下属小孟立马停止打架。然后在回会议室的路上给女朋友打电话，告诉女朋友因为有个非常紧急重要的战略会要开，只能晚一点给她过生日。电话结束后回到会议室接着开会，会议过程中抽空回复同学信息，告诉同学自己正在开一个紧急的战略会，不方便参加同学会，但是会给同学订酒店，以尽地主之谊。会议过程中偶尔悄悄回复女朋友的催促，实在无法解决女朋友的诉求，就跟总经理提出请假提前离开会议，说明是因为要跟女朋友过生日求婚。然后赶到与女朋友约定的地点，求婚的过程中还时不时躲到旁边问候老同学的情况。这样处理的目的是试图首先保证开好战略会，其次向女朋友求婚，再次是下属拉架，最后是同学聚会。虽然处理顺序有先后，但每件事情都处理，都不想放弃。

方式二：李华自己不去拉架，但给人事部主管打电话或者报警，要求他们来处理打架事件，理由是自己要开战略会。然后李华再向总经理请假，说自己今晚要给女朋友过生日求婚，希望能够请假提早离开会议。在赶去女朋友生日派对的路上，回复同学说自己有个战略会要开或者女朋友要过生日，不方便参加同学会，但是会帮着给同学订酒店，以尽地主之谊。然后给女朋友过生日求婚。这样的处理方式目的是试图首先保证求婚顺利，其次是同学聚会，再次是下属拉架，最后是开好战略会。虽然处理顺序有先后，但每件

事情都处理，都不想放弃。

方式三：李华自己不去拉架，但委派老孙找人事部主管或者报警来处理打架事件，理由是自己要开战略会。老孙走后，向总经理请假，说自己今晚要招待多年不见的老同学（或者找一个其他委婉的理由），希望能够请假提早离开会议。李华在赶去参加同学会的路上，回复女朋友自己要去参加同学会（或者找一个其他委婉的理由），并邀请女朋友和自己一起去参加同学会。如果不愿意一起去，那就给她买一个礼物作为生日的补偿，然后以最快的速度赶去参加同学会。这样处理的目的是试图首先保证同学聚会，其次是开好战略会，再次是下属拉架，最后是求婚。

方式四：李华马上跟着老孙冲到纠纷现场，去处理打架的事情。在去处理纠纷的路途中给总经理打电话，告诉总经理有个下属打架事件要处理，处理完纠纷后再回来接着开会。到达纠纷现场，了解纠纷双方发生冲突的原因，安抚好彼此的情绪，彻底处理完纠纷。在赶回会议室的路途中电话告诉女朋友有个非常紧急重要的战略会要开，约定会晚一点给她过生日。会议过程中回复同学信息，告诉同学自己目前正在开一个战略会，不方便参加同学会，但是会帮着给同学订酒店，以尽地主之谊。会中回复女朋友的催促，不管会议开到什么时间，还是会坚持到会议结束，然后赶到与女朋友约定的地点去过生日求婚。这样处理的目的是试图首先保证下属拉架，其次开好战略会，再次是女朋友求婚，最后是同学聚会。

当然，还有其他的方式，比如：带同学参加女朋友生日派对，把同学会和女朋友的生日派对合二为一。

综观这些处理方式，除了背后隐含的目标不同（每个人的个人目标不同，这一点不能强求统一），还有一个共同的特征就是对四件事情都进行了处理。"十个指头弹钢琴"，总是试图把每件事情都处理好，因为似乎看起来每件事情都是重要且紧急的，任何一件事情不处理的话，心里就不踏实。

遇到很多重要紧急事件发生冲突的时候，这种每件事情都处理的方式是一种最高效的处理方式吗？

我们就以前面的第一种处理方式作为案例分析一下这种方式的弊端吧。

1.李华出面去处理纠纷，当着领导的面，下属小孟也许会忍住火气，答应领导不再起冲突了。但一个年轻人的情绪哪里是领导三言两语就能处理彻底的呢？于是等李华转身离开的时候，小孟火气难平，极大可能又跟对方再起冲突。来找李华的老孙不得不再次来找李华去处理，反复几次，老孙就会觉得李华缺乏领导下属的能力，连一个下属小孟都管不好，老孙也慢慢变得不服李华了。

2.告诉女朋友推迟过生日，结果惹得女朋友很不开心，为了哄女朋友开心，会议还未结束又赶去给女朋友过生日，过生日的时候还记挂着同学的情况，时不时避开女朋友去厕所给同学道歉、发红包，还打电话询问下属劝架情况以及会议的情况。既惹得女朋友不开心，怀疑李华心里有鬼，导致求婚失败，又浪费了为求婚而精心准备派对所花费的时间和金钱。

3.战略研讨会上，李华时不时地用手机回复女朋友和同学信息的动作和中途请假的行为被领导看到眼里，即便领导很客气不说什么，但领导对李华的印象也已经很差了：在这么重要的战略会议上，竟然还玩手机，竟然因为私事请假，这个下属真是一点事业心都没有！这样的人怎么能委以重任呢？于是等李华第二天再来上班的时候，就会明显感觉到总经理的态度发生了很大改变，公司很多重要的战略任务的推行不再跟他有关，可悲的是李华甚至不知道为什么总经理会这样冷落他！万一碰上脾气火暴一点的总经理，甚至会在会议中直接点名李华，批评他不遵守会议纪律。

4.同学住着李华安排的酒店，吃着李华订的美食，收着李华发的红包，却在饭桌上交流：李华真不够哥们，既然有时间发红包、打电话，怎么就不能来见一面？为了一个女朋友竟然不来见老同学面，摆明了是重色轻友嘛！李

华最终的结果是钱花了，人也得罪了！

其他几种处理方式，以此类推，大同小异。

汇总一下，遇到多件重要紧急的事情产生冲突，想"十个指头弹钢琴"，每件事情都处理，结果就是每件事情都处理得不彻底，时间花了，金钱花了，人也得罪了，结果往往事与愿违！

老王的故事是一个人只有单一目标的案例，目标简单化是用来说明客观事物背后轻重缓急的规律。李华遇到的情况是个人多目标并且同时发生很多重要紧急的事情的情况。"先后"原则解决的是轻重缓急四类不同属性的事情发生冲突时如何处理的问题，而遇到李华这种很多同属于重要紧急的事件发生冲突的情况，"先后"原则就解决不了了。那究竟该遵循什么样的原则处理这种多目标多任务冲突的情况呢？答案就是集中力量办大事的"舍得"原则！

舍得：有舍有得，不舍不得；大舍大得，小舍小得；要得先需舍，能舍才能得；得就是舍，舍就是得。

舍得是中华文化里面一个很核心的文化因素。《道德经》里面说："圣人后其身而身先，外其身而身存。非以其无私邪？故能成其私。"

舍得是一种人生智慧和态度，是以超然的境界来对已得和可得的东西进行决断的情怀和智慧。

舍得是一种良好的心态。懂得舍得，人才不会患得患失，才不会贪得无厌，既不会受各色各样的诱惑，又能保持平和心态。懂得舍得，才能扔掉沉重的负累，留下美好，享受轻松快乐的高效人生。

在日常工作生活中，一个人究竟该如何做到舍得呢？或者说在职场事务舍得的过程中，大脑的思维决策过程是怎样的呢？

第一步：有效益吗？也就是判断事物的轻重，也就是"目标潜意识修炼五步法"里面的前三问：

1.我的目标是什么？（检视自己的目标）

2.这件事与目标有没有关系？（分析事件与目标的关系）

3.有重无轻。（判断轻重）

如果这一步的判断是不重要的，那就建立清晰的规则来明确拒绝处理该事务，舍；

如果这一步的判断是重要，也就是有效益的话，就继续思考下一步。

第二步：如果当下不做以后会更坏吗？也就是判断事物的未来变化趋势。事物未来的趋势分四种情况：

一是变糟糕，意思是如果当下不马上处理该事务，拖一段时间再处理的话，所花费的资源（时间、资金、人力等）更多，效果更差，连带后果更严重。

二是不变，意思是如果当下不马上处理该事务，拖一段时间再处理的话，这件事情会停留在那里没有变化，或者所花费的资源（时间、资金、人力等）不变，效果和后果也不变。

三是消失，意思是如果当下不马上处理该事务，拖一段时间的话，事务自身会消失，不需要再处理。也就是俗话说的"老天爷自己会解决问题"。

四是变好，意思是如果当下不马上处理该事务，拖一段时间再处理的话，所花费的资源（时间、资金、人力等）更少，效果更好。

如果这一步的判断是不变的，那就建立明确的规则以后，再处理该事务，当下不处理，舍；

如果这一步的判断是消失的，那就建立明确的规则来拒绝处理该事务，当下不处理，舍；

如果这一步的判断是变好的，那就建立明确的规则来拒绝处理该事务，当下不处理，舍。

只有这一步的判断是变坏的，才继续思考下一步：

第三步：我可以授权给别人吗？也就是判断可不可以借助别人的力量来解决自己的问题。能借力，舍。

借力是一种豁达，是一种可成大事的极高境界，是联合多方面力量以达成个人目标的智慧。

"登高而招，臂非加长也，而见者远；顺风而呼，声非加疾也，而闻者彰。假舆马者，非利足也，而致千里；假舟楫者，非能水也，而绝江河。君子性非异也，善假于物也。"

他山之石，可以攻玉。借他人之力为自己所用，才是智者。刘邦谋策不如张良，治国不如萧何，打仗不如韩信，刘邦能得天下，皆因能借而用之。海尔品牌创始人张瑞敏说："管理即借力。"古今成就大事者，无一不是借力的高手。

关于如何授权，有专门的授权理论，本文不做重点讨论，感兴趣的读者可以阅读相关书籍。

关于"别人"需要特别强调一下，可供借力的"别人"包括什么人呢？

第一，下属。在组织的职责分工里面，上级分解目标和分配任务给下级，下级分担和承接上级的目标任务是各自的本分。如果一个管理者遇到工作中的事情仍然全部亲力亲为，不懂得借力下属实现自己的目标，有分配权却不行使，那就不是一个合格的管理者。如果发生一个管理者多次不把任务分配并借力下属完成工作目标的情况，这种管理者很可能被调离管理岗位，回归到被别人管理的技术路线。这种不懂借力下属的管理者在一些从技术走向管理的新晋管理者中比较常见。

第二，上级。下属遇到工作中的事情，可以向上级寻求帮助，借力上级的资源和能力完成自己的任务，有人把这种现象称为"反授权"。在老王的故事里面，下属小刘肚子疼来向上级老王请假，以帮忙的名义请求老王替自己开会，用的就是借力上级这一招。下属小刘让老王代替自己去开了本应自己参加的会，小刘的目标就达成了。小刘如果跟上级老王之间的关系很好，小刘会及时销假并对老王发自内心地表示感谢，这种情况下老王能加强对小

刘的领导，让小刘更加心甘情愿地听从自己的领导；但如果小刘和上级老王的关系不好的话，小刘很可能不但不领情，反而因为自己工作有领导顶着而故意拖延销假，甚至因为老王在顶替过程中出现某些工作失误而反过来责怪老王。这种情况下老王不但不能提升对小刘的影响力，反而会更加弱化对小刘的影响力，成了下属的"背锅侠"，费力不讨好！

第三，同学、邻居、战友等亲近之人。生活中遇到事情，可以向同学、邻居、战友等人寻求帮助，借力于他们完成自己的任务。李华的故事里面，同学到了李华所在地邀约他参加同学会，就是借力于李华作为"东道主"来招待自己。

如果这一步判断的结果是无人可以授权，那就继续思考下一步：

第四步，效率不可以更高一点吗？也就是判断跟自己的以往的经验做法相比，有没有更加高效的处理方式，以免按照经验去处理，等事情做完以后才因效率不理想而后悔。如果这一步的判断是可以提升效率，那就按照当下能想到的提升效率最高的方式去处理；如果这一步的判断是以往的经验就是最好的，已经没办法再提升效率了，那就按照以往的方式去处理。不管事件最终处理的结果是好是坏，自己对上述四个步骤做出的选择都应承担相应的结果，尽力而为才不会后悔。

以上就是做舍得的大脑思维决策过程的四个步骤。

以李华的故事为例：

对于总经理召开的战略会，李华做舍得的思考过程如下：

第一步：有效益吗？如果判断这个会议根本就是没有效益的，那就直接与会议主持人明确自己的规则，这种会议对自己不重要，今后他都不会再加班参加这种会的！当然李华和大多数人的观点一样，总经理召开的战略会还是有效益的。

第二步：在确保战略会有效益的情况下，继续思考开战略会这件事的趋

势。也就是说如果今晚不加班参加战略会的话，总经理会不会因此生气，从而影响自己升职等重大后果。如果判断总经理善解人意，通情达理，不会因为今晚不开会产生那么严重的后果，那就直接向总经理请假："总经理，您刚才临时通知我加班开会，本来我是没有问题的，但很不巧，今天晚上是我女朋友的生日，我必须马上赶过去给她过生日并求婚的，晚了会导致女朋友和我分手。我相信总经理您一定能体谅我的心情，希望您准许我准点下班，至于战略会我可以明天看会议纪要。"总经理一听，说："公司非常注重员工的幸福感，我也一直希望你能家庭圆满。既然今晚是你女朋友的生日并且你要求婚，那就安心去求婚，至于这次会议你不用担心，明天我会专门找你再谈就是了。赶紧去吧，预祝你求婚成功！"如果真是遇上这样的好领导，那就选择不留下来继续开会。

如果判断总经理不能容忍下属中途离开战略会并会因此而判断该下属不值得提拔的话，那就是趋势会变坏了，这种情况下就绝对不能向总经理请假而应想尽办法开好战略会。

第三步：在确保趋势会变坏的情况下，继续思考可不可以授权给别人代替自己参加战略会。如果觉得可以授权给别人，比如李华觉得眼前的老孙是代替自己开战略会的合适人选，那就委派老孙替自己参加战略会，自己去处理比战略会更重要的事情。如果觉得授权不合适，毕竟在战略会上需要自己亲自发言，也希望总经理对自己有一个直接的好印象，那就是不能授权而应该亲自参加战略会。

第四步：在确保不能授权别人代替自己参加战略会的情况下，继续思考有没有更高效率的方式。比如开战略会更高效的方式就是跟总经理协调把自己的发言提到第一个，发言结束就请假离开，其他与会人员的发言都可以在第二天看会议纪要或者会议录像。这样既不影响战略会，也能去处理过生日或者其他的事情。如果认为以上方法不可行，那就采取大多数情况下的

方式，踏踏实实、认真投入地参会，并在合适的时机告诉领导，为了这次战略会，自己可是以缺席女朋友的生日会、同学会为代价的。这种方式就是"得"战略会，"舍"下属、同学和女朋友。这种处理方式最好的结果是让领导感受到李华对公司事业的关心和付出，收获领导的信任和赏识，提升自己在领导心中的好感。其他三项听天由命，即便彻底失去女友、下属和同学的信任，那也无怨无悔，毕竟这是自己深思熟虑的决策，当然大多数情况下，事情的发展未必会出现那么极端的后果，女朋友没有分手、同学仍然保持交往、下属纠纷也能平息。那就算"喜出望外"，比预想中的结果得到更多。所以，做好了"舍"的准备，反而"得"到更多。

当然，笔者仅仅是以李华的故事为例，选择并不唯一，不同的人对待同一件事情也会有不同的处理方式。

针对每件事情进行"舍得"的思考决策以后，我们就很容易明确自己最重要的目标是什么，把有些事情直接拒绝处理，有些事情延后处理，有些事情分派给别人帮忙处理，真正剩下极少的需要自己亲自处理的事情，就能够采用最高效的方式处理，从而避免"十个指头弹钢琴"，做到"集中力量办大事"，不惑于心，不乱于行，掌控效益，事过无悔。

用一个流程图来更清楚地展现舍得的决策过程：

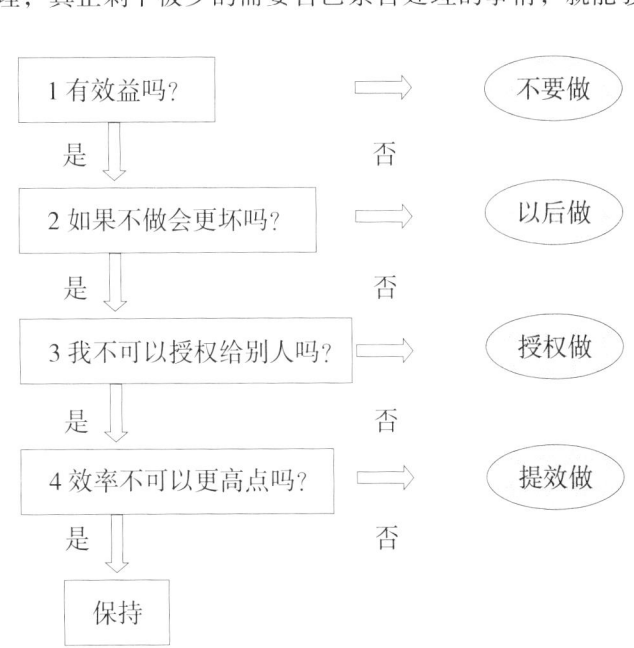

```
1 有效益吗? ──否──▶ 不要做
    │是
    ▼
2 如果不做会更坏吗? ──否──▶ 以后做
    │是
    ▼
3 我不可以授权给别人吗? ──否──▶ 授权做
    │是
    ▼
4 效率不可以更高点吗? ──否──▶ 提效做
    │是
    ▼
   保持
```

舍得原则精要

十个指头弹钢琴不如集中力量办大事

舍得：

　　有舍有得，不舍不得；大舍大得，小舍小得；要得先需舍，能舍才能得；得就是舍，舍就是得。

借力：

　　打开视野，借力别人。

舍得四步骤

第十五章　多少原则

舍得除了文化上的意义，还有其社会学意义和数学意义。

舍得体现在管理学上就是80/20定律，是按事情的重要程度编排行事优先次序的准则，是建立在"重要的少数与琐碎的多数"原理的基础上的。这个原理是由意大利经济学家兼社会学家维尔弗雷多·帕累托所提出的。它的大意是：在任何特定群体中，重要的因子通常只占少数，而不重要的因子则占多数，因此只要能控制具有重要性的少数因子即能控制全局。

80％的公司效益归功于20％的员工努力。

80％总收入来自20％的客户。

80％的总收益源自20％的产品或服务。

经济学家说20％的人手中掌握着80％的财富。心理学家说20％的人身上集中了80％人类的智慧，他们生来鹤立鸡群。

人生规划的效益平衡轮中，每个生命阶段的重点之所以只有一到两项，是因为在一定的时间段内所有的目标里面只有20％是重要的！

在工作任务轻重缓急分类表里，80/20法则体现在两个维度：一个是内容维度，一个是时间维度。

在内容维度：80/20法则体现在"工作任务轻重缓急分类表"的内容里面，重要的I类和II类事务数量的总和只占事件总数的20%（其中I类事务占总数的4%，II类事务占总数的16%），不重要的III类和IV类事务的总和占总事件数的80%（其中III类事务占总数的16%，IV类事务占总数的64%）。在咨询过程中，笔者发现绝大多数人的工作任务轻重缓急分类表是不符合这个比例的，主要体现在以下两点：

内容维度表

	紧急	不紧急
重要	I 总数量的4%	II 总数量的16%
不重要	III 总数量的16%	IV 总数量的64%

一是重要不紧急的II类任务数量比例偏高，出现这种现象的填表人几乎把每件工作任务都看成很重要的。造成这种现象的原因是不懂得"舍得"，用一句谚语就是总觉着"破家值万贯"。不懂舍得，生活就会乱成一锅粥；不懂舍得，工作就会乱如麻；不懂舍得，重要的事情数量就会变多。把每件工作都看得很重要，在资源有限而任务很多的情况下，就会左支右绌、顾此失彼，最终很可能每件事情都做不好。

二是既不重要又不紧急的IV类任务数量比例偏少，出现这种现象的填表人通常是没有把所有做的事情填写进去，比如只是填写了与工作有关的事情，而没有记录与工作没有关系的刷手机、休闲等事情。当我们按照表格填写要求真正记录所有做的事情，我们就可以发现大多数人其实是做了大量既不重要又不紧急的IV类事务而不自知的。

当自己的工作任务轻重缓急分类表的内容维度上出现不符合上述比例的时候，可以把80/20法则作为一个检验标准，倒逼自己重新审视自己的工作任务，是否做到了舍得，是否记录了所有的事情，从而能够更加合理地安排自己的工作，提高职场效益。

在时间维度上，80/20法则体现在重要的I类和II类事务时间的总和占总时间量的80%（其中I类事务占总数的16%，II事件占总数的64%），不重要的III类和IV类事务的综合只占总事件数的20%（其中III类事务占总数的16%，IV事件占总数的4%）。

	紧急	不紧急
重要	I 16%	II 64%
不重要	III 16%	IV 4%

成功人士时间安排

	紧急	不紧急
重要	I 25%–30%	II 10%–15%
不重要	III 50%–60%	IV 2%–3%

普通人士的时间安排

大多数成功人士都是按照这个比例分配自己的时间的，而绝大多数普通人的时间分配比例为：

I类事务的时间占比25%—30%，也就是说普通人花了太多时间重复处理重要紧急的危机问题，辛辛苦苦、忙忙碌碌却最终碌碌无为。成功人士在这一类事务上的时间仅为普通人的一半，因为成功人士能够遵循I类事务的处理原则："I最多只做一次"！所以，他们在I类事务上花费的总时间是很少的。

II类事务的时间占比为10%—15%，也就是说普通人几乎很少花时间在未来的规划、能力的提升、机会的把握、问题的预防和彻底解决上。而成功人士花费在这一类事务上的时间是普通人的4倍！在企业实践过程中也会明

显地发现这个规律，普通职工天天8小时固定在岗位上干活，但企业高管真正出现在办公室里处理工作事务的时间也就是每天2—3个小时而已，大多数时间在企业内部是很难见到高管的，因为他们通常在2—3小时内高效地集中处理完内部工作事务以后就出去了，通常是跟其他高管或专家们聚会、去其他企业参观、参加商业论坛、报MBA培训班等，这种事情虽然不急于一时，但价值巨大，挖掘出来的通常都是决定企业兴衰和个人成败的重大机会，这种机会带来的职场效益对于日常工作中的例行任务而言，往往可以称为"降维打击"。有的读者可能要说了，那是因为高管们可以根据自己的意愿灵活自主地安排自己的工作内容和时间，我们普通工人受高管们指挥，又不能想干什么就干什么！这里面隐含着一个逻辑问题：到底是当了高管才这样安排时间，还是因为这样安排时间才当了高管呢？笔者在长达20多年的研究过程中，采访了很多成功的企业家，事实证明，成功人士在进入职场的初期就掌握了时间管理的基本原则，并在实际工作中持之以恒地运用，从而在很短的时间内就脱颖而出，走向管理岗位。也就是说，如果真正践行本书这些基本原则，可以把您的效率提升4倍，轻轻松松做职场赢家！

III类事务的时间占比为50%—60%，也就是说普通人花了太多的时间在紧急但是不重要的事情上面，也就是牺牲自己帮助别人。而成功人士在这一类事务上的时间只有普通人的1/4，也就是说成功人士极少帮别人的忙！

在企业咨询的过程中，这一观点是绝大多数人难以接受甚至是感到颠覆的，尤其是一些人会感觉这样的理念和行为与企业所提倡的团队合作相冲突，感觉这样的价值理念和行为是不是太自私？对此我们从三个维度来分析一下，以免产生误导读者之嫌。

第一：英国演化理论学者理查德·道金斯在科普读物《自私的基因》中提到，自私是人类存续最普遍的特性之一，每个人都会基于个人利益需求做出行为和反应。我们在上面说成功人士极少帮别人的忙，并不是说成功人士自私，而是成功人士把规则看得比帮忙要更重要。我们在讲效益圈时讲过："道理人人有，立场各不同"，站在成功人士的角度，如果一味地去帮助别人，自己本身正在做的事情就会受影响，这也就正好呼应了我们在先后原则中提到的：建规则，拒绝Ⅲ。

第二：关于如果不帮忙会不会让人觉得自己太过自私这个话题。我们来分析一下"自私"这个词，一般我们都会说"自私自利"，而"自私自利"又源于《佛遗教经·众生得度》中的"自利利他，法皆具足"。"自利利他"有多重内涵。

1.自利是修为，利他是目的，自利和利他是先后关系。即便企业倡导"利他"文化，那也要通过利己的修为来实现，不能利己，无以利他，试想一个自己都混不好的人，又怎么给别人提供帮助呢？"穷则独善其身，达则兼济天下"，所谓：达己成人。

2.自利是目的，利他是途径，自利和利他是因果关系。我们不可能仅凭自己的力量去获得成功，必须懂得凝聚人心，借力借势，因此即便主观目的是"自利"，客观外在也要提倡"利他"，"利他"为因，"自利"为果。我们应该积极倡导"利他"，就像我们前面反复论证的"双赢"原则一样，通过满足别人需求的方式来满足自己的需求，所谓：达人成己。

3."自利利他"，自己和他人之间夹着两个"利"字，"两利"就是"双赢"嘛。自利和利他是一体两面的关系，一个人全力照顾好自己、不为别人添麻烦，就已经是在照顾他人了。在公司中，质量部全力做好本部门工作，就已经是帮了生产部的忙，因为生产部最主要的目标有效产量提高了；同时也是帮了销售部的忙，因为客户满意度提高了；同样也是帮了财务部的忙，因为废品减少，成本降低，财务部最主要的目标盈利就高了。

4.古语云："人不为己，天诛地灭。"自私是每一个人立足于这个世界的客观需要，如果一个人从根本上放弃了自己的欲望或需求，那么在人与人的竞争中和人与环境的抗争中将会处于弱势地位，最终在精神上或肉体上被淘汰出局，即为"天诛地灭"。如果一个人在工作和生活中一味地去帮助别人，而忽视了自己的利益，这样的人会生存下去吗，答案是否定的。

5.如果因为别人没有帮自己的忙，就说别人"自私自利"，这样的人才是真的自私。要知道"帮忙是情分，不帮是本分"，我们何必为了免受别人的道德绑架而委屈自己去讨好别人呢？秉心直行，自己知道自己不自私，不侵害别人的利益就可以了，勇敢地拒绝道德绑架！

第三：关于团队协作这个话题。笔者在企业管理咨询的过程中发现，几乎所有的企业都在倡导团队协作这种理念和文化，但极少有企业和管理者在企业管理实践中清清楚楚地界定团队协作这个概念的边界和条件！员工为了团队配合而配合，这样的工作状态反而扰乱了正常工作秩序，加剧了冲突和内耗，降低了职场效益。

笔者在担任质量经理的时候，有一次生产部王经理气冲冲地来到我的办公室，说："刘经理，你们部门是怎么讲团队配合的？我下属老李说你们部门的小张一点都不配合他的工作，每次找他做点事，他都推三阻四的。你这个经理也不管一管？"

我说："王经理，你别着急。等我了解一下情况咱们再看下一步怎么处理。您跟我说一说老李找小张帮你们做事的时候，我们部门的小张在干什么呢？"

王经理说："关于这个，老李倒是没有跟我说得很清楚，那你等一下，我把老李叫过来核实一下。"

我说："好的，王经理，咱们等一下老李。"

不一会儿，老李接到王经理电话来到我的办公室。

我说："老李，你向王经理和我投诉我们部门的小张不配合你工作，我想了解一下，你找他帮你做事的时候，他在干什么呢？"

老李说："他当时在做一个来料检验，我说让他放一放手头工作，先帮我查一个产品检测数据。"

我说："王经理，老李，来料检验工作是我们部门非常重要的一项任务，我的下属在做重要事情的情况下，是我要求他们不帮别人忙的。试想一下，小张要是放下自己手头重要任务不做，去帮了别人的忙，那我们部门的来料检验任务怎么办？因此，您两位的这个投诉我是不会接受的。希望王经理回去也告诉您的下属，今后遇到这样的情况就不要再投诉我的下属了。当然，话说回来，如果我的下属当时做的事情不重要，您这个投诉我会接，我也会在和下属核实清楚以后带着他登门给您和您的下属道歉。非常感谢你们对我们部门工作的监督。"

王经理说："我的下属怎么知道你的手下什么情况下会帮忙，什么情况下不帮忙呀？"

我说："王经理，你这个问题问得非常好，这个问题我早已经培训过我的下属了。在别人找他们做事的时候，我要求下属随时把自己的工作原则向人家明确告知，并本着'双赢'的原则与别人协商达成一致。您大可放心。"

王经理和老李走后，我找到下属小张。

我说："小张，刚才生产部王经理和老李来投诉，说你没有帮他们的忙，我想问一下，老李找你帮忙查产品检测数据的时候，你当时在做什么呢？"

小张说："我当时在做来料检验，不能停的呀。"

我说："哦，这么说来你是在做自己的本职工作内很重要的事情。这种情况下不帮他们的忙就对了，投诉的事情我已经替你挡回去了，放心吧。以后他们要是再找你帮忙，只要你在做本职工作和我交代给你的事情，就一律拒绝。你要是不好意思拒绝，就跟他们明确说明你的工作原则，也可以直接说是我让你不帮忙的，或者干脆让他们来找我。当然，如果你当时恰好有时间,那一定要答应甚至主动要求帮助其他部门,那是体现你团队协作精神的时候,我也会很关注你这一方面的表现。"

小张说:"好嘞,刘经理,我记得了。**团队协作是有边界条件的,做要事,讲本分,不帮;做轻事,讲情分,必帮!这是规矩!**"

我说:"你小子可以嘛,都整成金句了呢,就这意思!团队配合就是要讲究'有所为,有所不为,有所必为'。"

作为管理者,必须跟下属讲清楚团队配合的边界条件和规则,这非常重要,能极大地减少组织内耗,提高组织运行效率,改善组织工作氛围。

IV类事务的时间占比为2%—3%,也就是说普通人娱乐的时间比成功人士还少!成功人士花在属于娱乐的既不重要又不紧急的事情上的时间确实比普通人还多。

80/20法则体现在人际关系上,就是在一生中所交往的人中,只有20%的人是决定目标实现与否的"贵人"。只要获得这些贵人的信任和鼎力支持,就可以实现80%的职场目标(如果得罪这些人,也会带来极其严重的职场后果),而其他80%的人是对自己的人生几乎不会或者很少造成影响的"路人"。找到"贵人"是实现职场目标的捷径。比较典型的案例就是《红楼梦》中,为了实现嫁给贾宝玉或者留在大观园的目标,一众人等纷纷讨好贾母,将其视为自己的"贵人",这样恰恰是错误的。因为贾母年事已高,不方便直接干涉宝玉的婚姻大事,能直接干预宝玉婚姻的只有宝玉的母亲王夫人,她才是真正的"贵人"。所以当王夫人掌管大权之后,当年讨好贾母的人纷纷受到打压和责难,这就是选错"贵人"的后果。

如果把人这一生里面所有经历的人和事结合起来,80/20法则的体现就是只需要正确处理一生中4%的人和事就足以决定80%的人生道路(20%的贵人也只在乎你和他交往过程中20%的重要事情),比如考上一所理想的大学、找对一个理想的爱人、从事一个称心的工作,就足以成为人生赢家,成就幸福的一生！至于其他96%的人和事都不是很重要，大可不必太在意，用东北话就是"爱咋的咋的"的洒脱平和心态看待。遵循这条原则的人就可以活得非常潇洒，非常通透，非常纯粹！可惜绝大多数人不懂得或者做不到这一点，他们在工作生活中，不遗余力地追求完美。这样的人听到一个同事、邻居大妈甚至一个完全不相干的人说自己一句闲话，就几个晚上睡不着觉，反思自己的言行，试图营造一个完美无瑕的人设；接到任何一件任务，哪怕是无关痛痒的小事，就几个晚上睡不着觉，绞尽脑汁地想处理得完美无缺。然而"八个茶碗七个盖"，把自己活得非常累的同时，也还是有人说闲话，也还是总有事做不好！他们因此陷入恶性循环里面，不能自拔。

笔者刚刚从事商业咨询的时候，讲过质量管理、有效沟通、解决问题等很多内容的课程。每次授课结束，看到个别学员有任何不好的反馈或者改善建议，笔者都会有针对性地去改善自己的授课内容或者授课风格，试图让每个学员都满意，试图让每门课程都精彩。但这样辛辛苦苦干了一年，笔者年底复盘时却突然发现自己的课量没有多少提升，满意度没有多少改善，市场影响力更是微乎其微。笔者幡然领悟：自己陷入贪大求全、不懂舍得、追求完美的怪圈了！于是笔者痛下决心，收缩课题范围，推掉大部分课程，只聚焦在自己最擅长也是最有独到心得和培训手法的解决问题、效益管理等三四门课程上。当笔者不再试图讨好所有的学员，而只重点关注那些特别好学的20%的学员，通过笔者独创的"五眼教学法"，启迪思维心智，内观赋能成长，让这些学员真正学有所得，以至于这些学员2年内升职比例高达25%。这些学员对笔者个人和讲授的课程始终保持深刻记忆，他们升职以后会主动邀约笔者对他们的下属继续进行培训，因此笔者的课量反而增加了，个人品牌和市场影响力反而提升了，自己也更加轻松自在了。这就是80/20法则在笔者身上的亲身体验。

回到老王的故事里面，如果老王的目标是升职的话，那故事里面提到的写报告、开跨部门会、吃饭、处理下属被投诉事件、接打电话、看球赛等所

有的事里面，只有写报告这件事是最重要的，故事里面提到的总经理、董事长、小张、小刘、老婆、孩子等所有的人里面，只有审阅报告的董事长才是"贵人"（总经理已经把报告分配给老王，别人也写不了这个报告）。既然这样，就会有一种更加极端更加高效的处理方式产生。

总经理："太好啦！既然你愿意写这个报告，那我就放心了。我特别提醒你一下，这个报告事关重大，一旦获得董事长的认可，我就有充分的理由正式推荐你，他就可以以此为据正式提拔你当部门经理了。当然啦，如果你的报告写不好的话，你可别怪我没把升迁的机会给你哟。"

老王说："总经理，您的意思是只要我写好这个报告，董事长审阅并认可后，就可以提拔我为部门经理了吗？"

总经理说："是的，我就是这个意思。坦率来说，我看你在公司同一个岗位15年了，每天都早来晚走得很是辛苦，我内心其实也是很想在不影响公司绩效的情况下，给你一个更高的平台和更大的发挥空间的。现在机会就在眼前，就看你能不能把握住了。"

老王说："我明白了，总经理，感谢您把这么重要的一次机会给我，我一定不会辜负您的这番信任的。为了写好这个对我，当然同样也是对您至关重要的报告，我会把报告视为最最重要的事情，无论如何我都会全力以赴写报告的，万一任务之间发生冲突，我也会'舍'其他'得'报告！领导，所谓'踏石留痕、抓铁留印，集中力量办大事'，我想跟您请7天假全力写报告，当然您可以放心，不在单位的这7天里面，我会授权我最得力的下属老刘代替我处理所有的工作事务，肯定不会影响咱们部门正常运转的。"

总经理说："你确定老刘可以在这7天里面顶替你不出问题？万一出了问题你可是要负责的。"

老王说："我确定，领导，我会负责的。"

总经理说："既然你这么有把握不影响公司运作，那我也不强求你在公司了，你务必安排好你和老刘的工作，我就等你的报告了。"

老王离开总经理办公室，找到老刘，运用"双赢工作法"授权老刘全权代理接下来7天里自己的工作，除非出现重大事故，否则不得打搅自己！（建规矩：企业重大生命安全事故>写报告）。他还给老刘留下一个只有发生重大紧急事件才能拨打的私人联络号码，向公司全体员工发出授权通知书以后回了家。

为了防止外界干扰，老王只将那个只有发生重大紧急事件才能拨打的私人联络手机开机，其他手机直接关机。之后的7天里老王废寝忘食，搜集所有与业务计划报告有关的信息，进行广泛系统的思考与深入严密的逻辑论证，旁征博引、抽丝剥茧，把业务计划报告写得格局高远、论证有力。可想而知，这样写出来的报告，质量肯定比前面老王随口说的"我只需要2天就可以写好报告"要好得多。

7天以后，老王准时向总经理和董事长提交报告，成功地获得了董事长的认可，总经理也非常有面子，趁热打铁向董事长推荐老王，老王顺利地实现了升职的梦想！

把握4%的关键机遇，集中80%的时间精力完成，才能当职场赢家！人生赢家！

总结：

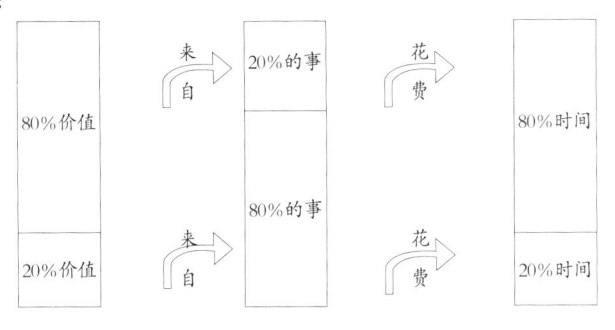

- 去寻找用20%的事就可得到80%的价值的事情
- 集中80%时间精力解决20%的重要事情，而不是所有事情

多少原则精要

二八法则：

去寻找用20%的事就可得到80%的价值的事情

集中80%的时间精力处理20%的重要事情，而不是所有事情

集中80%的时间精力处理20%的重要的人，而不是所有人

自利利他

道德绑架

团队协作的边界条件：

做要事，讲本分，不帮

做轻事，讲情分，必帮！

第十六章　高效益日常工作修炼

正所谓"理可顿悟，事须渐修"，行为决定效益，理论知识只有转化为实际行动才能取得效益。为了帮助诸位读者把从该书所学到的理论知识应用于实际工作并最终带给您真实的效益，笔者把关键的知识点归纳总结成一个工具表，供读者们在工作中日常使用。该工具表填写规则如下：

日常工作计划及时间分配记录检查表							
目标	计划				复盘			时间偏差的原因
^	任务	时间	任务属性 轻重缓急	计划时间(A)	实际时间(B)	计划与实际之间的差距 (A)−(B)	比例 实际时间B/总工作时间	^
具体活动包括但不限于：打电话、开会、与上级沟通、与下级沟通、与同事沟通、写报表、外出公干、培训、接待、聊天、办私事、帮别人忙、做计划、做准备、处理突发事件等。							

第一栏：目标。这一栏里面填写自己的人生目标和当下在企业里面所承担的岗位职责，以及要完成的考核指标如KPI。目标不可太多，通常控制在3—5个，具体可回顾"效能"和"舍得"章节有关知识。

第二栏：任务。这一栏里面填写上班期间所有要处理的工作任务。要点是包括所有的活动，不能有遗漏。有人称此为待办事项清单。

第三栏：时间。针对前面要处理的每一项任务各自安排合理的时间段，需要注意的是，每项任务之间要保留几分钟的空白时间，万一有计划外的突发事件或者某个事件的延误，可以安插在空白时间段里面。时间安排保持一定的灵活度，以免像多米诺骨牌一样，一个事件的拖延引起后面所有事件的连锁延迟。

第四栏：任务属性。填写任务的属性，也就是判断任务属于重要紧急的I类事务、重要不紧急的II类事务、紧急不重要的III类事务还是既不重要又不紧急的IV类事务，具体可回顾该书"轻重缓急"章节有关知识。把任务属性的I、II、III、IV填入表格。

第五栏：计划时间A。填写自己计划处理每一项任务所需的时长，通常以分钟为单位。

以上五栏的内容为今天的工作计划，通常应该在前一天下班后到今天上班前的这段时间内完成。有效的管理者必须合理计划自己的时间用在什么地方，这才是工作的起点。（德鲁克《卓有成效的管理者》）

第六栏：实际时间B。一天工作结束，回顾今天的时间去哪里了，如实填写每件任务的实际花费时间，通常以分钟为单位。如果出现计划之外的事件，也要添加一行并记录在表格里，只不过要将前面计划时间一栏里面的时间填为0分钟而已。有效的管理者必须清清楚楚地知道他们的时间用在了什么地方。（德鲁克《卓有成效的管理者》）

第七栏：计划与实际之间的差距(A)-(B)。这一栏填写的是计划时间A减去实际时间B之间的差距。如果差值为0，代表今天的计划任务如期完成；如果差值为正数（B=0，代表原计划的任务取消了），代表今天的计划任务跟原计划相比提前完成了；如果差值为负数，代表今天的计划任务跟原计划相比进度延后了（A=0，代表出现计划外事件）。这一栏反映的是时间管理计划执行的准确性。

第八栏：比例。这一栏填写每一件任务花费的时间占总工作时间的百分比。然后统计所有重要紧急的I类任务总比例是否低于16%，所有重要不紧急的II类任务的总比例是否超过64%，所有的紧急不重要的III类任务总比例是否低于16%，剩余的时间（既不重要又不紧急的IV类任务）总比例是否低于4%。如果符合这个比例，那就说明今天我向着我的目标成功地前进了一天，那晚上就可以安心地陪家人或者做自己喜欢的事情去放松，完全不需要挂念工作中的事情，实现工作和生活的平衡。

第九栏：时间偏差的原因。如果是重要紧急的I类任务的时间总比例高于16%，说明花费太多时间做"压力人"解决危机问题，那就按照"最多只做一次"的原则，要及时将问题彻底解决或者培养后备人员。因此必须在第二天的计划里面启动对I类事件的问题分析与解决（属于II类事件）。如果所有的紧急不重要的III类任务的时间总比例高于16%，说明花费太多时间做"无聊人"帮助别人，那就反思自己的工作原则并在第二天的计划里面找到相关人员建立或者重申自己的工作流程和原则（属于II事件），做到"建原则，拒绝III"。如果既不重要又不紧急的IV类任务总比例高于4%，说明花费太多时间在做"无用人"娱乐放纵自己了，要重新进行目标的潜意识训练和心态建设。

一旦今天出现上述三种时间分配比例不合理的情况，晚上就不能再安心陪伴家人或者做自己个人爱好的事情去放松了，务必要愿意改变，趁热打铁，反思上述自己的工作事件并有针对性地及时调整后面几天的工作计划，

把相应的改善行动填写在第二天的日常工作计划及时间分配记录检查表里面。只要按照新的计划执行下去，第二天II类事件的比例就会上升，其他几类的时间比例就会下降。直到II类时间占比达到64%，然后就努力工作，适当放松，实现工作和生活的平衡。最重要的是，借助这样的一个循环改善活动，连续坚持30—40天的刻意训练，填表人就能逐渐强化了自己的目标意识和规则意识，形成符合当下企业文化和个人目标的高效的工作规范，建立清晰的工作规则和良好的人际关系！具体可回顾该书"多少原则"章节有关知识。

案例：老刘的一天

老刘是公司的产品研发部经理，上任两年，经过两年的努力，团队进入稳定状态，大家都比较认可老刘的能力，部门工作有条不紊地进行。今年公司的一个重要目标是新产品"JD1"按时成功上市，这个产品的上市对公司具有重大战略意义，因此老刘带领的产品研发部的作用至关重要。

老刘觉得自己有很多事情要做，新产品"JD1"顺利上市、老产品的问题解决、流程持续改善、员工的培养、跨部门的协作、企业文化建设的参与等。老刘想在岗位上有优异的表现，得到领导的认可，为以后自己职业的进一步发展争取机会。

公司规定的工作时间是8：30—17：30，老刘觉得自己需要付出更多的努力，就把下班时间定为18：30。于是他用日常工作计划及时间分配记录检查表计划每天的工作、管理自己的时间。如下图：

日常工作计划及时间分配记录检查表

目标	计划				三省吾身			
	活动	时间	活动属性 轻重缓急	计划时间(A)	实际时间(B)	差距(A)-(B)	比例 实际时间B/总工作时间	时间偏差的原因
	开电脑、喝水等热身活动	8：30—8：40	IV	10	20	-10	3.7%	自律性差
	安排今天计划	8：40—9：00	II	20	10	10	1.9%	——
1.新产品"JD1"顺利上市 2.客户满意度 3.骨干培养 4.文化建设 5.流程优化	新产品"JD1"跨部门协作会议	9：00—10：00	II	60	60	0	11.1%	——
	上司面谈（不知道什么事）	10：10—10：40	III	0	60	-60	22.2%	跟上司建会议规则
	老产品"JA3"客户端失效问题解决	10：50—11：20	I	30	40	-10	7.4%	解决问题能力有待提升
	新产品"JD1"项目计划制订	11：30—12：00	II	30	0	30	0.0%	拖延症
	午休	12：00—13：00	IV	60	60	0	12.5%	缩短午休时间

续表

日常工作计划及时间分配记录检查表							
目标	计划				三省吾身		
^	活动	时间	活动属性 轻重缓急	计划 时间 (A)	实际 时间 (B)	差距 (A)-(B)	比例 实际时间B/总工作时间	时间偏差的原因
1.新产品"JD1"顺利上市 2.客户满意度 3.骨干培养 4.文化建设 5.流程优化	新产品"JD1"产品架构团队学习	13:00—14:00	II	60	20	40	3.7%	中途退出
^	部门人员规划	14:40—15:30	II	50	0	50	0.0%	因帮忙别人而取消
^	骨干下属小王的单独辅导	15:40—16:10	II	30	30	0	5.6%	
^	公司年度员工奖项设置会议	16:30—17:30	IV	60	60	0	11.1%	授权下属
^	处理不重要邮件	17:40—18:30	IV	50	110	-60	20.4%	效率低

具体活动包括但不限于：打电话、开会、与上级沟通、与下级沟通、与同事沟通、写报表、外出公干、培训、接待、聊天、办私事、帮别人忙、做计划、做准备、处理突发事件等。

老刘的这一天里面，I类时间占了7.4%，稍微偏高一点，后续要参加解决问题类的培训以迅速解决问题，减少占比。III类时间占比22.2%，稍微偏高一点，要跟领导进行一次坦诚的交流，建立会议规则，没有明确议题的会议要及时终止，为更重要的事情让出时间。IV类时间占了31.5%，严重偏高，老刘今天晚上要重新进行目标的潜意识训练和心态建设，对于不重要的会议和邮件要坚决地"舍"，以把时间用于II类时间。II类时间占了38.9%，严重偏低，老刘必须及时反省自身的工作理念和方法，做出针对性的调整，否则，一直以这样的方式工作下去，就将落得跟15年得不到升职的老王一样的职场结局了。

如果重要不紧急的II类任务的所占时间总比例超64%，那就说明今天成功地向着目标前进了一天。那下班后就尽情地享受个人生活，实现工作生活的平衡。这就是咱们第一章"缘起"所说的"世间是有双全法，不负如来不负卿"！

第十七章　效益管理企业实践

马虎是一名企业中层管理者，他与未婚妻刚结束在马尔代夫为期两周的度假，感到非常愉快和惬意。但在他第一天上班后，很多任务同时摆在他的面前，当马虎了解到下面的情况时，他甚至开始感觉有点坐立不安了。

- 人事部组织的有关部门裁员计划没有按时完成，要求马虎在其部门随后的六个月内必须裁员5%，马虎暂时还没有一个明确的裁员计划。

- 马虎觉得个别下属似乎对工作很不负责，工作积极性很低。他担心这种情况会在团队当中造成不良的影响。针对这种情况，必须采取改善措施。

- 马虎本部门的计算机出了问题，资料检索很困难，这使得顾客很不高兴。马虎觉得必须找人尽快修好电脑。

- 公司老总给所有管理层成员送来一份文件，告诉他们国际局势变化对本公司的影响很大，同时也会为本公司带来新的机遇。老总又特别告诉马虎，让他负责拟订一个相应对策，努力将业务从竞争对手那里吸引过来。

- 马虎的助理李琳提出希望请三个月的产假，因为她刚怀上她的第一个孩子，希望能够安心养胎。他尚不知道怎么跟李琳沟通这个事情。

- 上述事情还没有理出个头绪的时候，电话铃响了，是马虎的未婚妻苏珊打来的。苏珊在电话里面说："今天我被告知老总正在考虑提拔我，这是我一直想得到的。但遗憾的是必须到另一个城市去任职。这使我很难选择，这对我们俩来说都是一个巨大的挑战。今天晚上我们找时间谈一谈好吗？"

"我尽量吧！"马虎说道，"我还不敢肯定什么时候有时间，但我尽量争取今天晚上挤出时间与你谈。"

如果你是主人公马虎的话，上述六件事情你处理的先后顺序是怎样的呢？请把你处理的顺序排列出来，并标注在对应事情的圆点前面。请自己排出顺序并思考一下你这么排序的时候，脑子里考虑了哪些维度呢？确定处理的先后顺序后，你又会怎么安排今天的工作呢？

遇到很多工作任务的时候，确定任务先后顺序的思维决策过程可分为以下几步。

第一步：罗列周边形势情景中发生的所有问题或者任务。

这一步仅仅是简单的信息收集，按照信息获取的自然顺序（事情发生的顺序）排列即可，不需要对每件事情进行分析。这一步的关键点在于不能仅仅分析自己目前岗位上的问题，还应该突破平常的思维模式，提升考虑问题的系统性和格局，在比如国际、政治、经济、科技、文化、行业、对手、总部等更高更广的维度上发现问题和机会。而一旦在这些维度上发现问题和机会，就会形成"降维打击"一般巨大的职场效益。国际形势的变化和波动会导致企业生存的国际环境发生重大变化，很多外贸型企业最近受中美竞争的影响而进行转移。经济政策的最新调整直接决定了下一步政府资源发力的方向，比如最新提出的新型举国体制，如果企业能处在这些产业链上，那发展形势自然就可以借大势腾飞。科技上的突破会带来企业效率的极大提升。比如人工智能语言处理工具的横空出世，让软件编程和办公效率有了颠覆式的飞跃，不能利用人工智能语言处理工具改进工作效率的企业和人员或将面临被职场淘汰的悲催局面；一体压铸技术的出现，让汽车有了成本优势。文化

的不同，行业的不同，决定了同样的一套管理制度和方法很适合管理欧美的企业，却不一定适合管理中国的企业；同样的一套管理制度和方法很适合管理体制内的企业，却不一定适合管理体制外的企业。互联网行业很强调创新和敏捷，传统制造业就相对保守和稳健。关注对手的战略和行动，能让企业在竞争中目的性和方向性更强。

在罗列周边形势情景中所有发生的问题或任务这一步时，普遍存在一个极端现象：很大比例的管理者尤其是中基层干部和新晋管理者普遍存在一个视野盲点和误区，那就是只关注自己眼下的事情，不能高屋建瓴，在更高更广的维度上花时间和精力，也就是常说的"格局不够"。笔者曾经服务过一家知名的汽车制造商，客户中方的运营总监说："我们企业目前所有的问题都很容易解决，也可以说根本解决不了，就是因为卡在我们产品的加工上，最近科技方面有了一种颠覆式创新的加工工艺，我们的竞争对手已经全盘引进，对我们形成碾压式的成本和良率的优势。而我们企业国外总部视而不见，坚决不引进该新技术。我们的产品由于仍然沿用老旧工艺，成本和良率完全没有任何办法和对手竞争，只能在市场上节节败退！假如能够引进该新科技，成本、良率、市场占有率的问题马上就迎刃而解！"

究竟该怎样掌握这个度呢？那就要进行第二步分析。

第二步：分类细化。

罗列了那么多问题，肯定不是所有问题都交给马虎处理的，因为有些事情大大超出了一个人的掌控范围，比如我们改变不了对手遏制我们的企图。因此，第二步就需要把第一步罗列出来的问题分成两类：影响圈和关注圈。所谓影响圈，就是思考我能做什么。例如：马虎对遇到的问题进行分类细化的时候，对于裁员能做的是制订裁员计划，对于下属积极性不高的问题能做的是找到改善团队士气的措施，对于超出影响圈的事情，只需要在闲暇时间保持关注、及时更新信息，不用进行下一步的分析判断，如下表：

形势判断计划表

形势情景	分类细化
员工要被裁	我要制订裁员计划
下属积极性不高	我要制订改善积极性的对策
计算机故障	我要找人修
上级需要一份报告	我要写报告
助理请产假	我要与助理沟通
未婚妻搬家	我与未婚妻沟通
其他（国际、政治、经济、科技、文化、行业、对手等）	保持关注，不能占用职场正常工作时间

这一步的关键点在于细化到影响圈的时候应该考虑哪些维度。共有四个维度需要考虑，每一个维度都很重要，也缺一不可。

第一个维度：身份角色。在马虎的故事里面，马虎是个中层管理者，所以他能够制订裁员计划。但如果马虎是基层一线员工的话，同样的裁员事件，换一个身份角色，他就不能制订裁员计划，而是只能祈祷不要被裁或者赶紧找下家。身份角色的变化，会直接导致对同一件事情的看法和处理方式是不一样的。

第二个维度：职责。在工作生活中做任何事情都要考虑职责，也就是这件事情该不该由我负责。如果我是负责质量管理的，那就不能去越级管生产的事务；该下属全权负责的，领导尽量不要干涉；该领导负责的，下属也不要对领导评头论足；该孩子独立承担的，父母就不要再指挥；该父母负责的，孩子也不要干涉。大家各自尽职尽责，自利利他，不能越职。比如马虎针对电脑故障那个问题，他之所以考虑找人修就是基于职责的考虑，因为公司有专门的IT部门负责电脑维护。有人说如果电脑故障很简单，马虎自己修

了也可以呀，持这种想法的人的意思是为了迅速解决问题，只要我能做就自己做，是从能力这个维度思考问题的，但这恰恰是很多管理者的一个误区。出于能力的考虑，偶尔越职一两次问题不大，长此以往地帮忙，那本来该负责的人就认为你的帮忙是应该的，从而把责任推给你了，老话说"升米恩，斗米仇"就是这个意思。更重要的是负责该任务的下属由于得不到锻炼和成长，沦为"扶不起的阿斗"。老话说"救急不救穷"就是这个意思。所以，找人修是马虎基于职责进行的思考和判断。

第三个维度：权力。权力分三种：决策权、建议权和分配权。在实际企业管理实践中，作为一个管理者，当对某种任务享有决策权的时候，必须行使决策权，不能再就此事请示领导，否则就属于有权不行；在没有决策权的时候，就只能行使建议权，决不能自己擅自做主，否则就属于越权乱行；当享有分配权的时候，就必须行使分配权，把任务分配给下属去做，否则也属于有权不行。写报告就是马虎基于权力进行的思考和判断。

第四个维度：目标。分析这件事情与目标的关联性，也就是轻重，前文讲过，不再赘述。

经过以上四个维度的分析，就把第一步所罗列的所有问题成功分类细化，找到了符合自己当下身份角色、职责、权力和目标的任务。把时间和精力花在这一类事情就是我们中国传统文化的"本分"，不讲本分是职场大忌，会付出惨痛的代价。

如果这一步分析下来，仍然有很多任务需要处理的话，那就要进行第三步分析。

第三步：分析任务的轻重缓急和趋势。

为了帮助您更好地掌握这个思考和决策过程，笔者把下述思维过程用一张情景分析工作表固定下来，如下表：

情景分析工作表							
形势情景	分类细化	轻重排序	缓急排序		趋势分数	综合排序	
^	^	^	完成时间	序号	^	乘积	排序
员工要被裁	我要制订裁员计划	6	6个月	6	2	72	6
下属积极性不高	我要制订改善积极性的对策	3	1个月	5	1	15	4
计算机故障	我要找人修	1	下午	1	1	1	1
上级需要一份报告	我要写报告	2	3天	3	1	6	2
助理请产假	我要与助理沟通	4	一周	4	2	32	5
未婚妻搬家	我与未婚妻沟通	5	晚上	2	1	10	3
其他（国际、政治、经济、科技、文化、行业、对手等）	无	—	—	—	—	—	—

1.轻重排序。根据每件任务与目标的关联程度不同，把各个任务进行排序，关联度最高也就是最重要的为1，其他任务等而次之，依次打分排序，不可并列。

2.缓急排序。首先确定每件任务的完成时间，基于人的大脑同一时间只能做一件事的原理，必须把完成时间区分先后，不能相同。其次，把完成时间从近到远排列，不能并列。

3.趋势分析。趋势就是在舍得原则里面提到的"现在不做将来会怎么样？"变糟糕为1分，不变为2分，消失为3分，变好为4分。

第四步：综合排序。

在左边"乘积"一栏里面，填入轻重序号×缓急序号×趋势分数的乘积。

在右边"排序"一栏里面，把前面的乘积从小到大排序，如果遇到乘积

相同，前面轻重排序分数小的排前面，这样就产生了最终的任务处理的先后顺序！

以上这张情景分析工作表可以用作日常行为的自我检验和行为修炼。

第一步：仿照马虎的案例，每天上班伊始，先不填情景分析工作表，凭第一直觉排列出自己面临的周边形势中要处理的工作任务顺序并记录下来。

第二步：严格按照情景分析工作表的四个步骤和关键点的要求，注意冷静和理性地分析出最终的工作任务处理顺序。

第三步：把第一步中记录下来的直觉产生的顺序跟情景分析工作表里的最终的综合排序做对比。如果前后两次的顺序完全一致，这说明您的日常习惯就是既考虑事情的轻重，又考虑缓急，既考虑当下，又考虑未来。您是个考虑问题很周全的人，您处理工作任务的顺序符合卓越管理者处理事情的顺序，如果能持续达到这样的结果，这张情景分析工作表就可以不用了，因为您已经形成本能习惯，不需要再修炼了。笔者称这种人为"卓越人"。

第四步：把第一步中记录下来的直觉产生的顺序跟情景分析工作表里的轻重排序做对比。如果前后两次的顺序完全一致，这说明您的日常习惯就是只考虑事情的轻重，只要遇到您觉得重要的事情，您就会不自觉地优先处理。您是个做事的好手，可以把重要的事情做出效益来，但对于短期内的人际关系要稍加注意，因为有可能因为拒绝做某些不重要的事情，而让对方有所不满。这种情况下，您只要牢记"建规矩，拒绝Ⅲ"，一以贯之，秉心而行，时间久了，人际关系也就稳固下来了。笔者称这种人为"要事人"。

第五步：把第一步中记录下来的直觉产生的顺序跟情景分析工作表里的缓急序号那一栏的排序做对比。如果前后两次的顺序完全一致，这说明您的日常习惯就是只考虑事情的缓急，只要遇到您觉得紧急的事情，您就会不自觉地优先处理。您是处理短期人际关系的好手，可以很容易地息事宁人，化解人际冲突，但风险在于短期较好的人际关系并不能带来长期实实在在的效

益，有些重要的事情可能会耽误。笔者称这种人为"急事人"。

第六步：如果前面三步的对比结果都不符合，那说明您平常在安排工作任务处理顺序的时候，思维是没有固定的模式和规律的，也就是随机和无原则的。在笔者的研究过程中，这种人占最大比例。造成这种现象的原因之一与我们的传统文化塑造的成长环境有很大关系。

在少儿的成长阶段，出于对孩子的爱和对孩子的不信任（总是觉得孩子小、不懂事），同时加上对于孩子未来的不确定感和对于自身人生经验的盲目自信，绝大多数家长都希望孩子完完全全按照家长的规划和要求去做。一旦孩子不照自己的意愿行事，本能的就会加以"棍棒下面出孝子"式的管教和压制。笔者把这种现象称为"爱的绑架"。在这种家庭环境下成长起来的孩子，他是没有自己的主见和规划的，因为他活在家长制定的规则里面！

在学校教育阶段，很多学校和老师出于对学生的爱和某种程度的不信任感，基本上都是按照学校的规则进行严格的管理，考勤、打卡、时不时的考试排名，考试排名不好就叫家长，家长回家一顿揍。在这种教育环境下成长起来的学生，他是没有自己的主见和规划的，因为他活在学校制定的规则里面！

到了工作阶段，很多管理者对下属充满不信任感，不在乎下属的个人目标和想法，基本上都是按照企业的规则或者管理者自己的个人喜好对下属进行严格的管理，管理者自己制订目标、流程和制度，并时不时地对下属进行严格考核和奖惩。在这种工作环境下成长起来的下属，他是没有自己的主见和工作规划的，只能萧规曹随，活得像个工具人一样，因为他活在企业制定的规则里面！

一言以蔽之，一个从来都是活在别人制定的规则里面的人，一个从来不能自主安排自己生活的人，突然遇到马虎那样复杂的情景需要自主处理的时候，当然会手足无措，没有章法和规则可循。但形势所迫，又必须处理，这

种情况就会出现随机排序的现象，这种人在做决策的当时大脑思维是："爱咋的咋的吧，反正都要做事的！"笔者称这种人为"随便人"。

在工作和生活中，这种无原则的人是最难以管理和协作的，因为别人摸不清他的规则、把不准他的脉，而真正的成功人士，都有一个明显的特征就是原则分明！

通过以上六个步骤的刻意训练，就可以时刻反省自己的大脑决策过程，明白自己的思维误区在什么地方并及时地加以修正，经过连续40天的自我检查和纠偏（据研究，养成一个习惯需要21天，就是说，一个习惯的形成，一定是一种行为能够持续一段时间。如果要破除旧习建立新的习惯，通常在30—40天），就可以达到填表前的顺序和填表后一模一样，那这张表就可以功成身退，不必再每天填写了。而您也就借此形成了基于自身目标和规则导向的卓越的工作和生活习惯，假以时日，必将成为职场赢家，收获高效益的人生。

眼已开，心已动，方向明，就看诸位读者在今后的实际工作生活中的亲身实践和体验了，期待并预祝您在今后的人生旅途中，能勇敢地走自己的路，不惧别人"羡慕嫉妒恨"，轻装上阵，潇洒纯粹，做职场赢家，收获一个丰盈圆满的高效益人生！这是您的福报，也是笔者的功德了。惜缘助缘，未来的日子里，咱们相伴成长一起飞。

效益管理企业实践精要

格局与系统思维

本分四维度：

　　角色、职责、权力、目标

工作顺序四种人：

　　卓越人、要事人、急事人、随便人

情景分析工作表

情景分析工作表							
形势情景	分类细化	轻重排序	缓急排序		趋势分数	综合排序	
^	^	^	完成时间	序号	^	乘积	排序

附录1：人际行为风格测试

请回答以下A、B两套题。如果上边的描述更接近你的实际情况，请给自己打5分以下；如果下边的描述更接近你的实际情况，请给自己打6分以上。请如实回答，以保证对你自己有更加准确的认识。答完每套题后，将分数相加，得出该套题的总分。

A套题

1. 面对风险、决定或变化反应迟缓谨慎

1　2　3　4　5　6　7　8　9　10

面对风险、决定或变化反应迅速从容

2. 与大伙一起讨论时不常主动发言

1　2　3　4　5　6　7　8　9　10

与大伙一起讨论时经常主动发言

3. 强调要点时不常使用手势及音调的变化

1　2　3　4　5　6　7　8　9　10

强调要点时经常使用手势及音调的变化

4. 表达时经常使用较委婉的说法，如："根据我的记录……""你可能认为……"

1　2　3　4　5　6　7　8　9　10

表达时经常使用强调式的语言，如："就是如此……""你应该知道……"

5. 通过阐述细节内容强调要点

1　　2　　3　　4　　5　　6　　7　　8　　9　　10

通过自信的语调和坚定的体态强调要点

6. 提问用来检验理解、寻求支持或更多信息

1　　2　　3　　4　　5　　6　　7　　8　　9　　10

提问用来增强语言气势、强调要点或提出异议

7. 不爱发表意见

1　　2　　3　　4　　5　　6　　7　　8　　9　　10

愿意发表意见

8. 耐心、愿意与人合作

1　　2　　3　　4　　5　　6　　7　　8　　9　　10

性急，喜欢竞争

9. 与人交往讲究礼节、相互配合

1　　2　　3　　4　　5　　6　　7　　8　　9　　10

喜欢挑战，控制局面

10. 如果就没什么大不了的事意见有分歧，可能附和他人的观点

1　　2　　3　　4　　5　　6　　7　　8　　9　　10

意见分歧时，愿意坚持自己的观点并要辩论出结果

11. 含蓄，节制

1　　2　　3　　4　　5　　6　　7　　8　　9　　10

坚定，咄咄逼人

12. 与人初次见面时目光间断性注视对方

1　　2　　3　　4　　5　　6　　7　　8　　9　　10

与人初次见面时目光长久注视对方

13. 握手时较轻

1　　2　　3　　4　　5　　6　　7　　8　　9　　10

紧紧握手

A套题总分：

B套题

1. 戒备

1　　2　　3　　4　　5　　6　　7　　8　　9　　10

坦率

2. 感情不外露，只在需要别人知道时表露

1　　2　　3　　4　　5　　6　　7　　8　　9　　10

无拘无束地表露、分享感情

3. 多数时依据事实、证据做出决定

1　　2　　3　　4　　5　　6　　7　　8　　9　　10

多数时根据感觉做出决定

4. 就事论事，不跑题

1　　2　　3　　4　　5　　6　　7　　8　　9　　10

谈话时不爱专注于一个话题

5. 讲究正规

1　　2　　3　　4　　5　　6　　7　　8　　9　　10

轻松、热情

6. 喜欢干事

1　　2　　3　　4　　5　　6　　7　　8　　9　　10

喜欢交友

7. 讲话或倾听时表情严肃

1　　2　　3　　4　　5　　6　　7　　8　　9　　10

讲话或倾听时表情丰富

8. 表达感受时不太给非语言的反馈

1　　2　　3　　4　　5　　6　　7　　8　　9　　10

表达感受时愿意给非语言的反馈

9. 喜欢听现实状况、亲身经历和事实

1　　2　　3　　4　　5　　6　　7　　8　　9　　10

喜欢听梦想、远见和概括性信息

10. 对人和事应对方法较单一

1　　2　　3　　4　　5　　6　　7　　8　　9　　10

对别人占用自己的时间灵活应对

11. 在工作或社交场合需要时间去适应

1　　2　　3　　4　　5　　6　　7　　8　　9　　10

在工作或社交场合中适应快

12. 按计划行事

1　　2　　3　　4　　5　　6　　7　　8　　9　　10

做事随意

13. 避免身体接触

1　　2　　3　　4　　5　　6　　7　　8　　9　　10

主动做出身体接触

B套题总分：

分别得出两套题的总分后，请在下图中确定你的位置

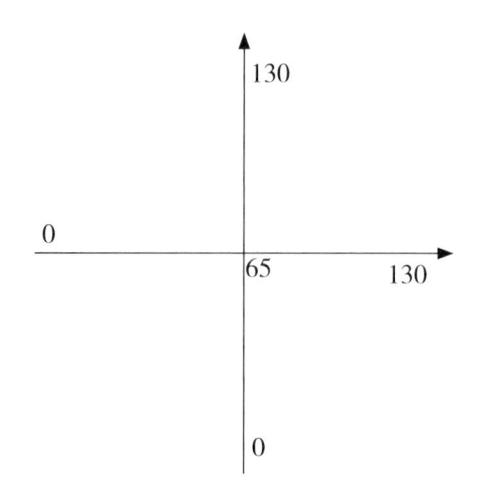

```
           ↑
          130


    0 ————————————→
          65    130


           0
```

在横轴上标出与A套题的总分相对应的位置作为A点，在纵轴上标出与B套题的总分相对应的位置作为B点，两条直线相交的位置，反映你比较自然的人际行为风格倾向。

人际行为风格倾向分析方法

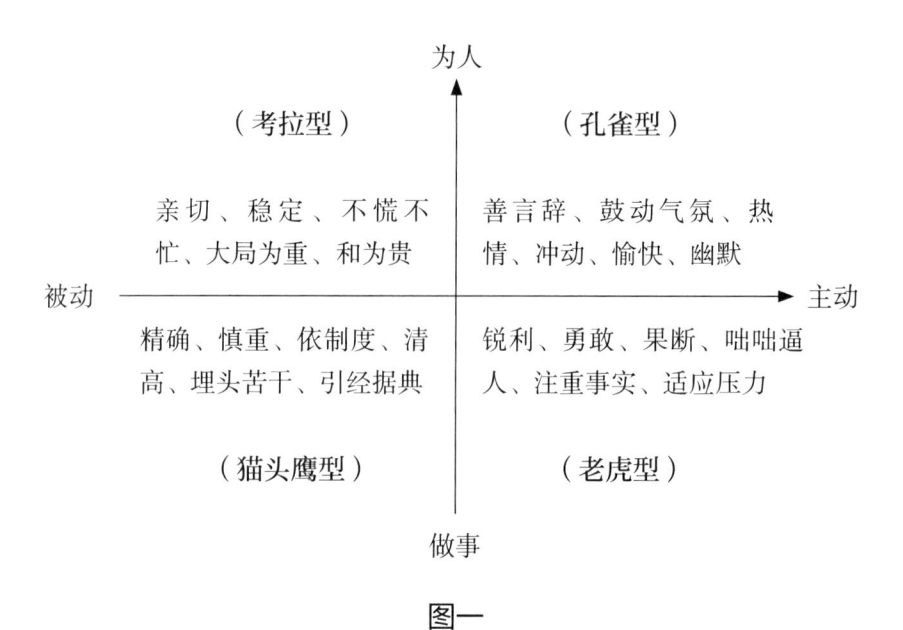

	为人	
（考拉型）		（孔雀型）
亲切、稳定、不慌不忙、大局为重、和为贵		善言辞、鼓动气氛、热情、冲动、愉快、幽默
被动 ←—————————————→ 主动		
精确、慎重、依制度、清高、埋头苦干、引经据典		锐利、勇敢、果断、咄咄逼人、注重事实、适应压力
（猫头鹰型）		（老虎型）
	做事	

图一

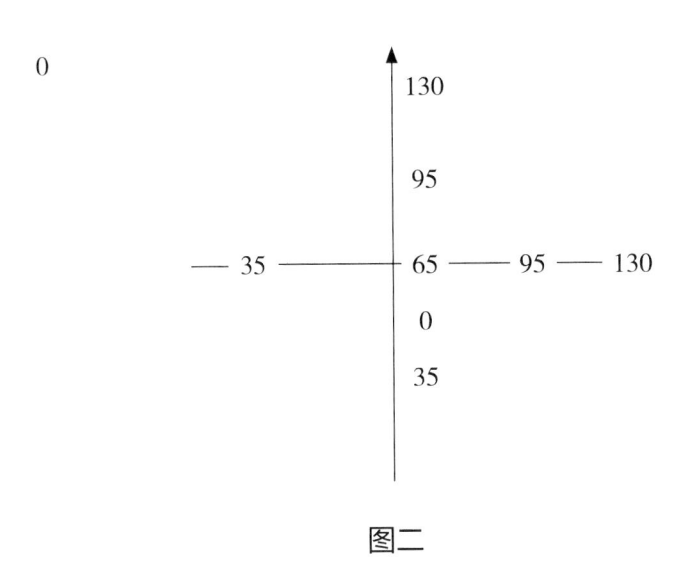

```
          0                    ↑
                              130

                               95

            ——— 35 ———————— 65 ——— 95 ——— 130
                                0

                               35
```

图二

注：两线相交的位置越是接近原点，说明你的沟通风格单一倾向性越小，四种风格的兼容性越大，是一位人际交往与沟通的成功人士。

附录2：人生规划分析表

兴趣爱好	
天赋潜能	
自我分析	
标杆特质	
终极目标	
阶段目标	

附录3：工作目标任务双赢表

工作目标	B方的工作目标
A方实现目标的工作任务	B方实现目标的工作任务
AB双方关于工作任务的共识	
A方的工作计划	B方的工作计划

附录4：工作任务轻重缓急分类表

	紧急	不紧急
重要	I.	II.
不重要	III.	IV.

附录5：日常工作计划及时间分配记录检查表

<table>
<tr><th colspan="9">日常工作计划及时间分配记录检查表</th></tr>
<tr><th rowspan="3">目标</th><th colspan="4">计划</th><th colspan="4">三省吾身</th></tr>
<tr><th rowspan="2">任务</th><th rowspan="2">时间</th><th>任务属性</th><th>计划</th><th>实际</th><th rowspan="2">计划与实际之间的差距
(A)-(B)</th><th>比例</th><th rowspan="2">时间偏差的原因</th></tr>
<tr><th>轻重缓急</th><th>时间(A)</th><th>时间(B)</th><th>实际时间B/总工作时间</th></tr>
<tr><td></td><td></td><td></td><td></td><td></td><td></td><td></td><td></td><td></td></tr>
<tr><td></td><td></td><td></td><td></td><td></td><td></td><td></td><td></td><td></td></tr>
<tr><td></td><td></td><td></td><td></td><td></td><td></td><td></td><td></td><td></td></tr>
<tr><td></td><td></td><td></td><td></td><td></td><td></td><td></td><td></td><td></td></tr>
<tr><td></td><td></td><td></td><td></td><td></td><td></td><td></td><td></td><td></td></tr>
<tr><td></td><td></td><td></td><td></td><td></td><td></td><td></td><td></td><td></td></tr>
<tr><td></td><td></td><td></td><td></td><td></td><td></td><td></td><td></td><td></td></tr>
<tr><td></td><td></td><td></td><td></td><td></td><td></td><td></td><td></td><td></td></tr>
<tr><td></td><td></td><td></td><td></td><td></td><td></td><td></td><td></td><td></td></tr>
<tr><td></td><td></td><td></td><td></td><td></td><td></td><td></td><td></td><td></td></tr>
<tr><td colspan="9">具体活动包括但不限于：打电话、开会、与上级沟通、与下级沟通、与同事沟通、写报表、外出公干、培训、接待、聊天、办私事、帮别人忙、做计划、做准备、处理突发事件等。</td></tr>
</table>

附录6：情景分析工作表

情景分析工作表							
形势情景	分类细化	轻重排序	缓急排序		趋势分数	综合排序	
^	^	^	完成时间	序号	^	乘积	排序